Jean Ziegler
Wie kommt der Hunger in die Welt?

cbt

DER AUTOR

Jean Ziegler, geboren 1934 im schweizerischen Thun, lehrte bis zu seiner 2002 erfolgten Emeritierung Soziologie an der Universität Genf und als ständiger Gastprofessor an der Sorbonne/Paris, er war von 2000 bis 2008 UN-Sonderberichterstatter für das Recht auf Nahrung, Mitglied im Beratenden Ausschuss des Menschenrechtsrats und im Beirat von »Business Crime Control«.

Jean Ziegler wurde in jungen Jahren geprägt von seiner Freundschaft zu Jean-Paul Sartre und Simone de Beauvoir sowie durch einen zweijährigen Afrika-Aufenthalt als UN-Experte nach der Ermordung Patrice Lumumbas (»Ich habe mir geschworen, nie wieder, auch nicht zufällig, auf der Seite der Henker zu stehen«.). Bis 1999 war Jean Ziegler Nationalrat im Parlament der Schweizer Eidgenossenschaft. Seine Publikationen wie »Die Schweiz wäscht weißer« und »Die Schweiz, das Gold und die Toten« haben erbitterte Kontroversen ausgelöst und ihm internationales Ansehen verschafft. Zuletzt erschien der Weltbestseller »Das Imperium der Schande« im C. Bertelsmann Verlag. Ziegler gehört zu den international profiliertesten und charismatischsten Kritikern weltweiter Profitgier und ist derzeit Mitglied des UN-Menschenrechtsrates.

Jean Ziegler

Wie kommt der Hunger in die Welt?

Ein Gespräch
mit meinem Sohn

Aus dem Französischen
von Hanna van Laak

cbt – C. Bertelsmann Taschenbuch
Der Taschenbuchverlag für Jugendliche
Verlagsgruppe Random House

Mix
Produktgruppe aus vorbildlich
bewirtschafteten Wäldern und
anderen kontrollierten Herkünften

Zert.-Nr. SGS-COC-001940
www.fsc.org
© 1996 Forest Stewardship Council

Verlagsgruppe Random House FSC-DEU-0100
Das für dieses Buch verwendete
FSC-zertifizierte Papier *München Super Extra*
liefert Arctic Paper Mochenwangen GmbH.

6. Auflage
Erstmals als cbt Taschenbuch November 2002
Vollständige, um ein neues Nachwort
erweiterte Ausgabe
Gesetzt nach den Regeln der Rechtschreibreform
© 2000 der deutschsprachigen Ausgabe
C. Bertelsmann Jugendbuch Verlag, München
in der Verlagsgruppe Random House GmbH
© 1999 der Originalausgabe Jean Ziegler
Die Originalausgabe erschien unter dem Titel
»La faim dans le monde expliquée à mon fils«
bei Èditions du Seuil, Paris
Alle Rechte dieser Ausgabe vorbehalten durch
cbt / C. Bertelsmann Jugendbuch Verlag, München
in der Verlagsgruppe Random House GmbH
Übersetzung: Hanna van Laak
Umschlagbild: Design Team München
Umschlagkonzeption:
init.büro für gestaltung, Bielefeld
go · Herstellung: ih
Satz: Uhl + Massopust, Aalen
Druck und Bindung: GGP Media GmbH, Pößneck
ISBN 978-3-570-30059-6
Printed in Germany

www.cbt-jugendbuch.de

*Dieses Buch ist gewidmet dem Andenken von
Ali Méroué,
libanesischer Revolutionär und
Buchhändler in Dakar,
gestorben am 29. April 1996.*

»Denn die einen stehn im Dunkeln
und die andern stehn im Licht.
Und man sieht nur die im Lichte,
die im Dunkeln sieht man nicht.«

BERTOLT BRECHT

VORWORT

Gestorben wird überall gleich. Ob in den somalischen Flüchtlingslagern, den Elendsvierteln von Karachi oder in den Slums von Dacca, der Todeskampf folgt immer denselben Etappen.

Bei unterernährten Kindern setzt der Zerfall nach wenigen Tagen ein. Der Körper braucht erst die Zucker-, dann die Fettreserven auf. Die Kinder werden erst lethargisch, dann immer dünner. Das Immunsystem bricht zusammen. Durchfälle beschleunigen die Auszehrung. Mundparasiten und Infektionen der Atemwege verursachen schreckliche Schmerzen. Dann beginnt der Raubbau an den Muskeln. Die Kinder können sich nicht mehr auf den Beinen halten. Ihre Arme baumeln kraftlos am Körper. Ihre Gesichter gleichen Greisen. Dann folgt der Tod.

Die Umstände jedoch, die zu dieser tausendfachen Agonie führen, sind vielfältig und oft kompliziert. Die Kausalketten überschneiden sich. Ich zähle hier die wesentlichen, aktuellen Gründe auf. Sie sind verschieden für die Land- und die Stadtbevölkerung.

Die Landbevölkerung macht im Jahr 2009 42 Prozent der Weltbevölkerung aus, ungefähr 2,5 Milliarden Menschen. Diese Menschen erzeugen ihre Nahrung. Sie sind Bauern, Pächter, Landarbeiter. Die Ärmsten unter ihnen sind die rund 500 Millionen Wanderarbeiter ohne eigenen Boden. Unter ihnen wütet der Hunger am schlimmsten.

Zu Beginn des Jahres 2009 betrugen die kumulierten Auslandschulden der 122 sogenannten Entwicklungsländer 2100 Milliarden Dollar. Die 49 ärmsten unter diesen Ländern werden von ihren Schulden regelrecht erdrückt. Das Wenige, das sie vom Export ihrer Güter – Baumwolle, Rohrzucker, Palmöl, etc. – verdienen, geht an die Großbanken in Frankfurt, New York, Zürich oder Tokio als Zinszahlung oder Amortisation. Für Investitionen im eigenen Land bleibt praktisch nichts übrig.

Nur vier Prozent des afrikanischen Bodens sind künstlich bewässert. Die Afrikaner betreiben in ihrer großen Mehrheit Regenlandwirtschaft wie vor 3000 Jahren. Dünger, Traktoren, Silos und Verkehrsmittel zu den Märkten gibt es kaum. In ganz Schwarzafrika gibt es weniger als 250.000 Zugtiere. Die Folge davon? In Burkina Faso, in Niger, aber auch in der Mongolei werden auf einem Hektar Boden – in normalen Zeiten, wenn keine Heuschrecken, keine Dürre, keine Sintflut die Erde verderben – im Durchschnitt 600 Kilo Getreide geerntet. Zum Vergleich: In Baden-Württemberg, in Bayern, im schweizerischen Emmental oder in der Bretagne werden auf einem Hektar Land zehn Tonnen Getreide erzeugt. Nicht weil die afrikanischen Bauern und Bäuerinnen weniger arbeitsam, weniger kompetent als ihre europäischen Kollegen und Kolleginnen wären, sondern allein weil die europäischen Bauern Maschinen, künstlich bewässerten Boden, Dünger, Traktoren, Zugtiere und ausreichend gutes Saatgut haben.

Ein zweiter Grund für das Elend vieler Menschen auf dem Land in Asien, Afrika und Lateinamerika ist das mörderische Agrardumping der Industrieländer. Letztes Jahr zahlten alle Industrienationen zusammen 349 Milliarden Dollar an Produktions- und Exportsubventionen an ihre Bauern. Die Konsequenz? Auf jedem afrikanischen Markt kann man heute deutsches, spanisches, dänisches oder österreichisches Obst und Gemüse zu einem Drittel oder der Hälfte (die Preise variieren nach Saison) des Preises des vergleichbaren afrikanischen Inlandsproduktes kaufen.

Nehmen wir den buntesten und lautesten Markt Westafrikas, Sandaga, gelegen im Herzen der Millionenstadt Dakar, wo sich die Früchte- und Gemüseberge aus Europa türmen. Ein paar Kilometer weiter steht der Wolof- oder Toukouleur-Bauer mit seiner Familie; zwölf Stunden am Tag unter brennender Sonne rackert er sich ab ... und hat dabei nicht die geringste Chance, auf ein Existenzminimum zu kommen.

Schauen wir jetzt auf die Menschen in den Elendsvierteln von Bombay, den Favelas von Rio de Janeiro, den Callampas von Santiago de Chile, den Pueblos Jóvenes von Lima, den Smokey Mountains von Manila, dort wo Ratten in den Hütten den Kindern die karge Nahrung streitig machen, wo es weder sauberes Wasser noch Latrinen gibt, wo die permanente Arbeitslosigkeit die Eltern ins Elend stürzt, wo kleine Mädchen sich wegen der Armut prostituieren. Gemäß der Weltbank leben knapp 2,2 Milliarden Menschen unter diesen Bedingungen. Sie haben ein Tageseinkommen von weniger als zwei Dollar, erworben durch Gelegenheitsarbeit, Prostitution, Betteln. Sie besitzen keinen Zugang zu Ackerland. Sie müssen ihre tägliche Nahrung kaufen.

Nun aber sind die Grundnahrungsmittel-Preise explodiert. Grundnahrungsmittel gibt es drei: Mais, Reis und Getreide. Zusammen machen sie mehr als 70 Prozent aller in einem Jahr auf der Welt konsumierten Nahrungsmittel aus. Die UN-Organisation für Ernährung und Landwirtschaft (FAO) errechnet den sogenannten Nahrungsmittelindex. Dieser ist stark schwankend. Seit 2005 ist er um über 50 Prozent gestiegen. Für die Menschen in den Slums bedeutet das eine Katastrophe.

Warum explodieren die Preise für Mais, Reis und Getreide? Es gibt zwei Hauptursachen: die Agrartreibstoffe und die Spekulation.

Die Agrartreibstoffe: Bis 2010 wollen die USA 140 Milliarden Liter Bioethanol durch das Verbrennen von Nahrungsmitteln herstellen. Die Europäische Union will, dass bis 2020 mindestens zehn Prozent des Energiebedarfes der 27 EU-Staaten mit pflanzlicher und nicht mehr mit fossiler Energie gedeckt werden. Agrartreibstoffe statt Benzin. Im Jahr 2008 haben die USA fast die Hälfte ihrer Maisernte – genau 138 Millionen Tonnen – und hunderte Millionen Tonnen Getreide für die Herstellung von Bioethanol und Biodiesel verbrannt. Die Argumente des amerikanischen Präsidenten (Bush gestern, heute Obama) sind folgende: Um das Klima zu schonen, muss pflanzliche Energie die fossile Energie ersetzen. Zudem importieren die USA 61 Prozent des Erdöls, das sie für ihre Industrie benötigen. Die USA wollen diese Auslandsabhängigkeit brechen. Ein mittleres mit Bioethanol betriebenes Auto hat einen Tank von 50 Litern. Für diese 50 Liter müssen 358 Kilo Mais verbrannt werden. Mit 358 Kilo Mais lebt ein Kind in Sambia oder Mexiko – wo Mais das Grundnahrungsmittel ist – ein Jahr lang. Nahrungsmittel zu verbrennen, um Millionen Autos am Laufen zu halten, bedeutet ein Verbrechen gegen die Menschlichkeit.

Die Spekulation: Auch sie jagt die Preise in die Höhe und stürzt zusätzlich hunderte von Millionen Menschen in den Abgrund. 2008 sind die Finanzmärkte von Singapur bis Frankfurt, von New York bis Tokio zusammengebrochen. Viele tausend Milliarden Dollar wurden an den Weltbörsen durch die Kursstürze vernichtet. Resultat? Die großen Spekulanten – insbesondere die Hedgefondsmanager – sind umgezogen. Von den Finanzbörsen zu den Agrarrohstoffbörsen, insbesondere der Agrarrohstoffbörse in Chicago, der ältesten und mächtigsten dieser Börsen. Mit Termingeschäften, Futures, etc. erzielen dort die Hedgefonds täglich astronomische Gewinne. In der Genfer Rue du Rhône bietet die Großbank UBS ihren

Kunden sogenannte Exchange Certificates on Rice (Reis-Zertifikate) an. Diese versprechen eine Jahresrendite von 31 Prozent.

Heiner Flassbeck, der kluge deutsche Chefökonom der UN Spezialorganisation UNCTAD (United Nations Conference on Trade and Development), hat errechnet, dass im ersten Semester 2008 37 Prozent der Preisexplosion der drei Grundnahrungsmittel reiner Spekulationsgewinn war[1].

Wer mit Grundnahrungsmitteln spekuliert, tötet Kinder.

Die Finanzkrise, die die Weltwirtschaft seit 2008 heimsucht, hat noch weitere fatale Auswirkungen.

Der 12. Oktober 2008 war ein sonniger Sonntag. Im Elysée Palast in Paris versammelten sich die Staats- und Regierungschefs der 15 europäischen Länder, die eine gemeinsame Währung, den Euro, besitzen. Sie tagten dreieinhalb Stunden lang, am Nachmittag. Um Punkt sechs traten die beiden Präsidenten der Versammlung, die deutsche Bundeskanzlerin Angela Merkel und der französische Staatspräsident Nicolas Sarkozy, vor die Journalisten im Hofe des Elysée-Palastes.

Frau Merkel sagte: »Wir haben soeben 1700 Milliarden Euros mobilisiert für die Wiederbelebung des Inter-Banken-Kredites und die Anhebung der Selbstfinanzierungslimits der Banken von drei auf fünf Prozent.«

In den darauffolgenden Wochen reduzierten mehrere EU-Länder ihre Kredite für die humanitäre Soforthilfe und Entwicklungshilfeprojekte in der südlichen Hemisphäre um durchschnittlich 50 Prozent.

Die Allgemeine Erklärung der Menschenrechte vom 10. Dezember 1948, die alle 192 UN-Mitgliedsstaaten respektieren

---

[1] Siehe Flassbeck-Bericht, Juli 2008.

sollten, beinhaltet das Recht auf Nahrung. Dieses Recht wird im UN-Rechtkommentar Nr. 12 wie folgt definiert:

»Das Recht auf Nahrung ist das Recht auf einen regelmäßigen, permanenten und freien Zugang – sei es direkt, sei es indirekt mittels monetärer Kaufmittel – zu einer qualitativ und quantitativ adäquaten Nahrung, die den kulturellen Traditionen des Volkes, dem der Konsument angehört, entspricht und die ein psychisches und physisches, kollektives und individuelles, würdiges und befriedigendes Leben ermöglicht, das frei ist von Angst.«

Das Recht auf Nahrung ist sicher heute das am häufigsten, zynischsten und brutalsten verletzte aller Menschenrechte.

Alle fünf Sekunden verhungert ein Kind unter zehn Jahren. Alle vier Minuten verliert jemand sein Augenlicht wegen Vitamin-A-Mangels. 2008 waren laut FAO 963 Millionen Menschen – beinahe jeder sechste Mensch auf unserem Planeten – schwer unterernährt[2]. Und das, obwohl die FAO bestätigt, dass die Welt heute genügend Nahrungsmittel produzieren könnte, um zwölf Milliarden Menschen normal zu ernähren. Wir sind gegenwärtig 6,3 Milliarden auf der Welt. Schlussfolgerung: Hunger ist kein unabwendbares Schicksal. Ein Kind, das am Hunger stirbt, wird ermordet. Die aktuelle Weltordnung des globalisierten Finanzkapitalismus ist nicht nur mörderisch, sie ist auch absurd. Sie tötet, aber sie tötet ohne Notwendigkeit.

Hunger stellt einen Erbfluch dar: Jahr für Jahr bringen hunderte von Millionen unterernährter Frauen hunderte von Millionen unheilbar geschädigter Säuglinge zur Welt.

Eine andere Dimension menschlichen Leidens fehlt in diesem Bild: die erstickende, unerträgliche Angst, die jeden Hungernden peinigt, sobald er erwacht. Wird er an diesem neuen

---

[2] Siehe FAO-Bericht: *The state of Food Insecurity in The World,* 2008.

Tag Nahrung finden für seine Familie, für sich selbst? Wie soll ein Vater oder eine Mutter vor dem eigenen Kind bestehen, das weint und vergeblich um Nahrung bittet?

Die Zerstörung von Millionen von Menschen durch Hunger vollzieht sich täglich in eisiger Normalität – und auf einem Planeten, der von Reichtum überquillt.

Die erste Ausgabe dieses Buches erschien im Jahr 2000. Seither sind zahlreiche Neuauflagen und Übersetzungen erschienen. Für die vorliegende Ausgabe habe ich am ursprünglichen Text nichts geändert. Die strukturelle Gewalt der mörderischen Weltordnung ist dieselbe geblieben. Nur die Opferzahlen sind gestiegen – wie oben ausgeführt.

Der Hunger ist von Menschen gemacht und kann daher von Menschen beseitigt werden. Deutschland und andere Länder Europas sind Demokratien mit Bürgerrechten und Grundfreiheiten, Waffen also des demokratischen Widerstands. Alle Gewaltstrukturen, die Hunger verursachen, können mit demokratischen Mitteln gebrochen werden. Staatliche Gesetze können die Spekulation mit Grundnahrungsmitteln verbieten. Morgen früh können die EU-Landwirtschaftsminister das Agrardumping in Afrika stoppen. Eine mobilisierte, starke Öffentlichkeit kann das Verbrennen von Nahrungsmitteln zur Herstellung von Agrartreibstoffen per Gesetz unterbinden. Für die ärmsten Länder der Erde können die Auslandsschulden annulliert werden.

Es gibt keine Ohnmacht in der Demokratie.

Die Kinder, die im Westsudan, in Somalia, verhungern jetzt, wo der Leser diese Zeilen liest, sterben nicht auf dem Berliner Kurfürstendamm oder dem Piccadilly Circus in London. Erst recht nicht auf der Zürcher Bahnhofsstrasse. Sie wählen nicht, sie stimmen nicht ab, sie haben weder demokratische

Grundrechte noch können sie sich irgendwie Gehör verschaffen.

Die europäischen Regierungschefs sind gewählt, um die Wirtschaft, die Finanzen, die Banken ihrer eigenen Länder zu sanieren, nicht jene des Westsudans oder des völlig zerstörten Somalias. Angela Merkel, Nicolas Sarkozy kann kein Vorwurf gemacht werden.

Wer muss die von Auszehrung und Tod bedrohten somalischen, burmesischen, bengalischen Kinder verteidigen? Die Zivilgesellschaft der demokratischen Länder hat diese Aufgabe. Immanuel Kant schreibt: »Die Unmenschlichkeit, die einem anderen angetan wird, zerstört die Menschlichkeit in mir.« Ich bin der andere, der andere bin ich. Das Mysterium der Geburt hat uns von den anderen getrennt. Soziale Gerechtigkeit und Solidarität unter den Menschen sind die Grundbedingungen eines zivilisierten Lebens auf diesem Planeten.

Der kategorische Imperativ, wie ihn Kant beschreibt, lebt in jedem von uns. Wir müssen ihn nur mobilisieren und in soziale, realitätsverändernde Bewegungen umsetzen.

Der französische Schriftsteller Georges Bernanos sagt: »Gott hat keine anderen Hände als die unseren.«[3] Entweder wir verändern diese Welt oder sonst tut es niemand.

Jean Ziegler
Genf, im April 2009

---

[3] »Dieu n'a pas d'autres mains que les nôtres«. *Le Scandale de la vérité*, 1934.

1

Ist es nicht empörend, dass so viele Kinder in Afrika, Asien und Lateinamerika an Hunger sterben, während sich gleichzeitig die Menschen hier, bei uns in Europa den Bauch voll schlagen und immer dicker werden, dass die Geschäfte vor Nahrungsmitteln überquellen und dass man schließlich Lebensmittel in den Müll wirft, mit denen man viele hungernde Kinder ernähren könnte?

Du hast Recht, Karim. Der Skandal schreit zum Himmel, und da wir gerade im Frühling 2000 zusammen diskutieren, ist deine Empörung umso berechtigter: Fürchterliche Hungersnöte suchen dieser Tage verschiedene Weltgegenden heim, insbesondere das ostafrikanische Land Somalia.

Seit Tagen strahlt das Fernsehen in den Abendnachrichten die Bilder der somalischen Hungergestalten – Männer, Frauen und Kinder – aus, die auf ihren spindeldürren Beinen stolpernd aus dem Süden Somalias zu fliehen versuchen, ohne dass sich in Europa auch nur die geringste Anteilnahme regt. Hast du diese Bilder gesehen?

Deshalb sage ich ja, dass es empörend ist!

Weißt du, ich glaube, dass niemand bei uns im Westen, in den Ländern, in denen so viele Reiche leben, diese grauenvollen Bilder zur Kenntnis nimmt. Oder genauer gesagt: Man nimmt sie zur Kenntnis, aber sie lösen bei uns nicht die geringste Empörung aus. Die langsame Vernichtung, das endlose Martyrium dieser somalischen Familien sind für uns – wie soll ich sagen? – Teil einer gewissen Normalität. Was du nämlich an diesen letzten Abenden gesehen hast, ist nur der »medientauglichste« Aspekt der Hungersnot in Somalia. Tatsächlich türmt diese Hungersnot bereits seit mehr als einem Jahr Berge von Leichen in Südsomalia, in Galcasc, Colba, Dugiuma und Gherilla auf. Und diese Opfer siehst du nicht. Denn die Kameras von TF1, der RAI, des ZDF oder der BBC sind vor den Toren der äthiopischen Lager in Ogaden, Hunderte von Kilometern entfernt, aufgebaut. Was du siehst, sind die, die erst einmal davongekommen sind, die genug Kraft hatten, um die Grenze zu überschreiten und eines der *feeding centers* – der Aufnahmelager – in Ogaden zu erreichen.

Wo liegt Ogaden denn?

Ogaden heißt die große äthiopische Provinz, die direkt an Somalia grenzt und zum größten Teil von somalischen Hirten und Bauern besiedelt wird. Kaiser Menelik von Äthiopien hat diesen Teil des alten Somalia vor mehr als achtzig Jahren erobert und gewaltsam in sein Reich eingegliedert. Doch heute ist Äthiopien arm wie eine Kirchenmaus. Zudem führt die derzeitige Regierung in Addis

Abeba, die nach einem mehr als zwanzig Jahre dauernden Krieg zuerst gegen die amharischen Kaiser, dann gegen den roten Diktator Mengistu, an die Macht gekommen ist, schon wieder Krieg! Dieses Mal gegen ihren nördlichen Nachbarn, die Republik Eritrea.

Ich will damit sagen, dass die wenigen Zehntausend, die sich wie durch ein Wunder aus Somalia retten konnten, heute in einem Land Zuflucht suchen, das selbst am Rand einer Katastrophe steht. Viele der Auffangzentren in den äthiopischen Regionen Dolo und Kallalo sind kaum mehr als Sterbelager.

Aber was unternimmt die somalische Regierung dagegen? Schließlich sind all diese Zehntausende von Dürreopfern, all diese Nomadenfamilien, deren Herden verendet sind, somalische Staatsbürger.

Das ist in der Tat nur schwer verständlich. Somalia ist um beinahe 100 000 Quadratkilometer größer als Frankreich, jedoch weitaus dünner besiedelt: Es hat nur 10 Millionen Einwohner. Im Norden beginnt die Wirtschaft sich nun langsam zu erholen. In den Regionen um Hargeisa, im Tal des Nogal sowie in vielen anderen weitläufigen Landschaften dieses riesigen Landes sind die Brunnen voll, die Ernten gut, und die Herden gedeihen wieder.

Und trotzdem tut die Regierung nichts für ihre Zehntausende von sterbenden Mitbürgern?

Das Problem ist, dass das stolze Somalia seit über zehn Jahren keine Regierung mehr hat, die diesen Namen verdient – obwohl es nur von einem einzigen Volk bewohnt wird, das eine einzige Sprache spricht, einer einzigen Religion angehört und die ethnischen Zerreißproben so vieler anderer Länder Afrikas nicht kennt. Feindliche Clans bekämpfen sich mit Kanonen, Kalaschnikows und Macheten. Jeder untersteht einem Kriegsherrn, der nur eines will: die alleinige Macht, Reichtum und Herden für seinen Clan.

Im Süden, wo die Hungersnot herrscht, gibt es einen kleinen Hafen: Merca. Bei den Kämpfen wurden die Kais zerstört. Die mit Reis beladenen Frachter der internationalen Hilfsorganisationen werfen nun vor dem Hafen Anker. Urtümliche, schwankende Schaluppen befördern die Säcke von dort in den Hafen, und das in absolut unzureichender Menge. Auf den halb eingestürzten Mauern des Hafens sitzen waffenstarrende junge Männer, deren Augen oft im Haschischrauch glänzen, und kassieren ihren Anteil ab. Sie laden die Säcke auf Lastwägen, um sie auf den Märkten des Nordens weiterzuverkaufen. Schlimmer noch: Mogadischu, einer der am besten ausgestatteten Häfen am ganzen Indischen Ozean, der ursprünglich von der italienischen Kolonialmacht gegründet worden war, verfügt über Kräne, Silos, Förderbänder und Hafenbecken für Schiffe mit Tiefgang, mit deren Hilfe Tausende und Abertausende von Tonnen Gütern pro Tag gelöscht, gelagert und dann verteilt werden könnten. Dieser moderne Hafen liegt etwas weiter nördlich von Merca, also nicht sehr weit von den Gebieten entfernt, in denen die Hungersnot wütet. Doch Mogadischu ist in Lähmung verfallen. Der Hafen ist geschlossen. Die örtlichen Kriegsherren haben den Krieg in die Stadtviertel getragen. Die Folge davon ist, dass keine internationale Hilfe mehr eintrifft. Aus Furcht vor Plünderung legen keine ausländischen Schiffe mehr an. Die Mannschaften fürchten um ihr Leben – und das ist nur allzu verständlich. Denn Geiselnahme ist in Somalia eine blühende Industrie!

Diese Kriegsherren sind Verbrecher, die ihr eigenes Volk ermorden!

Ganz richtig.

2

Wie viele Menschen sind heute vom Hungertod bedroht?

In ihrem letzten Bericht schätzt die FAO, die *Food and Agricultural Organization* (Ernährungs- und Landwirtschaftsorganisation der Vereinten Nationen), dass 1999 mehr als 30 Millionen Menschen verhungert sind. Die Anzahl der Menschen, die im gleichen Zeitraum an chronischer schwerer Unterernährung litten, wird auf mehr als 828 Millionen beziffert. Das sind Männer, Frauen und Kinder, die auf Grund von Nahrungsmangel irreversible Schäden davongetragen haben. Entweder sie sterben mehr oder weniger bald, oder aber sie leben als schwer Behinderte dahin, auf Grund von Blindheit, Rachitis, ungenügender Entwicklung der Gehirnfunktionen.

Nehmen wir zum Beispiel die Blindheit: Seit 1980 erblinden jedes Jahr im Durchschnitt sieben Millionen Menschen, viele davon Kinder. Die meisten von ihnen auf Grund mangelhafter Ernährung oder infolge von Krankheiten, die mit der Unterentwicklung einhergehen. In den Ländern Afrikas, Asiens und Lateinamerikas leben 146

Millionen Trachomininfizierte. Fünfzig Millionen sind blind. 1999 sagte Gro Brundtland, die Leiterin der Weltgesundheitsorganisation, als sie in Genf ihren Plan »Vision 2020« vorstellte: »80 Prozent der Sehschäden wären vollkommen vermeidbar.« Eine erste entscheidende Verbesserung könnte durch die regelmäßige Versorgung von Kleinkindern mit Vitamin A erzielt werden.

1990 litten 822 Millionen Menschen schweren Hunger. 1999 waren es 828 Millionen. Man kann diese Statistiken auf zweierlei Weise interpretieren. Die erste Interpretation lautet: Die Zahl der Hungertoten steigt unaufhörlich an, insbesondere in den Ländern der südlichen Hemisphäre. Vergleicht man allerdings die Anzahl der Opfer extremer Unterernährung mit der Zunahme der Weltbevölkerung, dann stellt man einen leichten Rückgang fest: 1990 litten 20 Prozent der Weltbevölkerung an extremer Unterernährung. Neun Jahre später sind es »nur« noch 19 Prozent.

Wo fordert der Hunger die meisten Opfer?

In Ost- und Südasien sind 18 Prozent der Männer, Frauen und Kinder davon betroffen. In Afrika sind es 35 Prozent der Bevölkerung. In Lateinamerika und in der Karibik hungern etwa 14 Prozent. Drei Viertel der von »schwerer Unterernährung« betroffenen Menschen leben auf dem Land. Ein Viertel stellen die Bewohner der Elendsviertel, die um alle Megalopolen der Dritten Welt aus dem Boden schießen.

Wie ist das möglich? Die Landbevölkerung, also die Bauern, die die Nahrungsmittel produzieren, ist am stärksten vom Hunger betroffen?

Genau! In Afrika südlich der Sahara beispielsweise findet man fleißige und tüchtige Bauern. Sie verfügen über ein althergebrachtes Wissen und schinden sich bei ihrer täglichen Mühsal halb zu Tode. Aber es sind vor allem diese Bauern, die ihr ganzes Leben lang nie ausreichend zu essen haben. Sie sind es, die sehr oft an den Folgen der Mangelernährung sterben oder von den großen Hungersnöten dahingerafft werden.

Afrika ist also der Kontinent, der am stärksten betroffen ist?

Nein, gemessen an absoluten Zahlen ist es Asien. Denn auf diesem Kontinent leiden 550 Millionen unter schwerer Unterernährung gegen »nur« 170 Millionen in Afrika südlich der Sahara.

Ist Europa denn vor Hungerkatastrophen sicher?

Keinesfalls! Insbesondere in den Ländern Osteuropas und in den Trümmern der ehemaligen Sowjetunion ist der Hunger auf dem Vormarsch. Vor allem alte Menschen, die nicht mehr am aktiven Leben teilnehmen, allein stehende Frauen und kleine Kinder sind von Ausgrenzung und extremer Armut betroffen. Die staatlichen Sicherungssysteme sind ebenso wie die subventionierte, in einem künstlichen Schutzraum angesiedelte Kollektivlandwirtschaft vom Sturm einer wilden Liberalisierung davongefegt worden. Und die schwächsten Mitglieder der Gesellschaft sind diesem brutalen Kapitalismus, der zudem oft genug als Mafia daherkommt, schutzlos ausgeliefert. Ich gebe dir ein Beispiel:

1997 rief der russische Präsident Jelzin eine Kommission aus Ernährungswissenschaftlern, Ärzten und Anthropologen ins Leben, die die verheerenden Folgen des Hungers und der chronischen Unterernährung untersuchen sollte, unter denen die Völker der Russischen Föderation leiden. Der Abschlussbericht der Kommission kam zu folgenden Erkenntnissen: Die Männer der Föderation stehen im internationalen Vergleich der durchschnittlichen Lebenserwartung gegenwärtig an 135. Stelle, die Frauen an hundertster. Damit liegt die durchschnittliche Lebenserwartung der Bewohner der Russischen Föderation derzeit weit unter der aller anderen Bewohner Europas oder Nordamerikas, während die Situation vor 1991, dem Jahr des Untergangs der Sowjetunion, für Russen, Europäer und Amerikaner etwa gleich war. Heute haben die Russen (Sibirer und alle anderen Bewohner der Föderation) sogar eine niedrigere Lebenserwartung als sämtliche Völker Asiens, mit Ausnahme der Kambodschaner und Afghanen. Ein Bewohner der Föderation stirbt im Durchschnitt 17 Jahre früher als ein Schwede und 13 Jahre früher als ein Amerikaner.

Und noch etwas: Auch in einem reichen Land kann man verhungern. Russland ist ein gutes Beispiel dafür. Die

Russische Föderation ist heute weltweit führend in der Produktion von Gold, Uran, Erdöl und Erdgas. Sie bleibt außerdem die zweitwichtigste Atommacht auf dem Planeten. Es gibt noch andere paradoxe Beispiele; so gehört der Kongo beispielsweise zu den Ländern mit den wichtigsten Bodenschätzen. Dennoch verhungern dort Tausende von Menschen. In Brasilien monopolisiert eine mörderische Oligarchie alle wichtigen Güter. Dieses Land gehört zu den großen Getreideexporteuren der Erde. Dennoch löst die Unterernährung im Nordosten Brasiliens alljährlich ein Massensterben aus.

3

Woher kommt der Hunger?

Er kommt aus grauer Vorzeit! Er ist ein gespenstiger Begleiter der Menschheit von Anbeginn an. Nichts beschäftigte die Steinzeitmenschen von morgens bis abends mehr. Die Städte Ur und Babylon wurden immer wieder von Hungersnöten heimgesucht. Schreckliche Hungerkatastrophen entvölkerten zur Zeit der Römer und Griechen in regelmäßigen Abständen das Land. Millionen von Leibeigenen, freien Bauern und Städtern, ihre Frauen und Kinder starben im Mittelalter an Hunger. Das gesamte 19. Jahrhundert hindurch verhungerten in China, Afrika, Russland und im Osmanischen Reich Hunderttausende von Menschen.

Seit Ende des 19. Jahrhunderts hat die Welt jedoch eine beinahe ununterbrochene Folge von technischen, elektronischen und anderen Revolutionen erlebt. Die menschlichen Produktivkräfte haben eine atemberaubende Entwicklung vollzogen. Heute gibt es keinen »objektiven Mangel an Gütern« mehr auf der Welt, wie viele Ökonomen des 19. Jahrhunderts zurecht behaupteten. Es herrscht im Gegenteil Überfluss. Doch der Skandal des Hungers ist deshalb noch lange nicht besiegt. Im Gegenteil: Er verschlimmert sich auf tragische Weise. Heute ist es der soziale Mangel, der tötet, das heißt, die ungerechte Verteilung der verfügbaren Güter. Jedes Jahr verhungern Millionen von Menschen, weil sie nicht über die finanziellen Mittel verfügen, die ihnen Zugang zu ausreichender Nahrung geben.

Unsere Erde könnte also jedem ihrer Bewohner ein menschenwürdiges Auskommen sichern?

Nicht nur das. Sie könnte mindestens doppelt so viele Menschen wie die aktuelle Weltbevölkerung ernähren. Heute leben rund 6 Milliarden Menschen auf der Erde. Nun hat aber die FAO schon 1984 einen höchst aufschlussreichen Bericht vorgelegt: Geht man von den aktuellen landwirtschaftlichen Produktionskräften aus, so könnte die Erde problemlos mehr als 12 Milliarden Menschen ernähren. Ernähren bedeutet, jedes Kind, jede Frau und jeden Mann mit einer täglichen Ration von 2400 bis 2700 Kalorien zu versorgen; der individuelle Nahrungsbedarf variiert je nach geleisteter Arbeit und Klimazone des Lebensraums.

Der Hunger ist folglich keine schicksalhafte Plage?

Keineswegs. Wenn die Nahrungsmittel gerecht auf der Erde verteilt würden, gäbe es mehr als genug zu essen für alle.

Es gibt einen Mythos, von dem viele Menschen im Westen besessen sind: die natürliche Selektion. Ein wahrhaft perverser Mythos! Jeder vernünftige Mensch sieht ein, dass die Vernichtung oder Verstümmelung eines Sechstels der Menschheit durch Hunger absolut grauenhaft ist. Zugleich aber glauben viele, dass dieses Unglück auch sein Gutes hat. Sie sprechen den Hungersnöten eine Art regulierende Funktion angesichts des ununterbrochenen und immer schnelleren Wachstums der Erdbevölkerung zu: Auf diese Weise würden Menschen eliminiert, die, wenn sie lebten, konsumierten, sich bewegten, zum langsamen Erstickungstod der Erde beitragen würden. Gewissermaßen sehen die Verteidiger des Status quo darin die Weisheit der Natur am Werk. Damit wir nicht alle an Sauerstoffmangel und anderen katastrophalen Folgen der Übervölkerung sterben, schreite die Natur selbst periodisch zur Eliminierung der überzähligen Geschöpfe.

Die Natur hat einen breiten Rücken.

Ja, Karim. Es handelt sich um eine typisch europäische und weiße »Rechtfertigung«. Die Reichen und Mächtigen haben sie in die Welt gesetzt, die genau wissen, dass sie niemals hungers sterben werden. Stell dir nur einen Augenblick vor, wie eine bengalische, somalische oder sudanesische Mutter reagieren würde, die ihr unterernährtes Kind im Arm hält und der man erklärt, der Todeskampf ihres Kindes sei von der »Weisheit der Natur« gewollt!

Und dennoch verbreiten viele Leute – unter ihnen Intellektuelle, Politiker, Verantwortliche in internationalen Organisationen – den Mythos von der Übervölkerung der Erde und der regulativen Funktion der Hungersnöte.

Ich erinnere mich an einen sonnigen Nachmittag in der Stadt Salvador de Bahia im Nordosten Brasiliens. In Begleitung des Dekans der Medizinischen Fakultät Orlando Castro-Lima, eines gebildeten Mannes, der nachhaltig gegen die Unterernährung der Bewohner des *Sertão* kämpft, besuchte ich den dortigen Friedhof. In Bahia erstreckt sich der *Campo santo* auf einem wundervollen Hügel im Viertel Libertade. Das Meer ist nah, und immer umspielt eine frische Brise die Ziegelsteine der Kapelle. Der Campo santo selbst versinnbildlicht eindrucksvoll die seit undenklichen Zeiten bestehende soziale Schichtung der Toten. Er besteht aus vielen Sektionen. Auf den Erdwällen und den Terrassen des Gipfels erheben sich die prachtvollen Mausoleen der verstorbenen Angehörigen der Oligarchie aus schwarzem und rosafarbenem Marmor. Sie beherbergen die Leichname der Zuckerbarone, der mondänen Ärzte, der großen Viehzüchter und der Sklavenhändler. Ihre Ehefrauen sind für gewöhnlich, auch im Tod noch unterworfen, in einem Anbau des Mausoleums bestattet. Für eine weitere Nuance sorgen die Grabmale der ausländischen Pflanzer, der deutschen und Schweizer Herren über die Kakaopflanzungen von Ileus und die Tabakplantagen im Tal des Paraguaçu. Um unmissverständlich klar zu machen, dass in ihren Adern niemals ein Tropfen schwarzen oder indianischen Bluts geflossen ist, errichten sie ihre Tempel im Schatten riesiger Bäume in gebührendem Abstand zum Hügel der Oligarchie der Eingeborenen. Eine Mauer und ein Portal trennen die beiden Gruppen, die sich an derselben Repression bereichert haben.

Auf mittlerer Höhe befinden sich die Gräber des bürgerlichen Mittelstands und darunter die der kleinen und sehr kleinen Händler, Beamten und Angestellten. Hier sind die Inschriften schon spärlicher, die wahren oder erfundenen Stammbäume kürzer, »Paläste« selten. Im Allgemeinen bedeckt eine schlichte, aber sehr große Platte die Grabstätte der Menschen. Anstatt weißer Engelsskulpturen und Bronzebüsten der Verstorbenen wuchern hier bunte Plastikblumen.

Die großen Viehzüchter aus dem Sertão, die *Coronels* von Tierra de Sant'Ana und die Zuckerrohrbarone des Reconcavo, die auf ihren Ländereien gestorben sind, lassen sich per testamentarischer Verfügung in das Familienmausoleum hoch über dem Meer überführen. Die Leichen des Mittelstandes oder des Kleinbürgertums hingegen reisen kaum. Ob er nun libanesischer Händler, Vorarbeiter mit Mestizenblut, Offizier, Polizist oder Krämer ist, der Bürger wird so begraben, wie er gelebt hat, in respektvollem Abstand zu den Mächtigen. Ein Weg und eine weitere Mauer trennen den oberen Teil des Hügels von den Terrassen, die den unteren Abhang bis zum Meer hinab überziehen. Am Rande der Schluchten, im Gestrüpp, in der trockenen, roten Erde ruhen schließlich ohne Einfriedung und bar jeden Grabschmucks die unzähligen anonymen Opfer der chronischen Unterernährung und der wiederkehrenden großen Hungersnöte. Eine unsichere Ruhestätte, sofern man überhaupt von einer solchen sprechen kann. Während unseres Besuchs hackten schwarze Arbeiter in diesem Bereich in der Erde herum. Ich sah, wie sie die Schlangen vertrieben, Unkraut ausrissen und dann die Erde öffneten. Schädel, Arm- und Beinknochen von Menschen, die erst seit ein paar Jahren oder gar nur Monaten begraben waren, wurden herausgeholt, mit der Schaufel zertrümmert und anschließend auf eine Schubkarre geworfen. Man beförderte sie in eine Ecke des Geländes, wo ein Ofen stand, um sie zu verbrennen. Ihre Asche wurde schließlich in den Wind gestreut.

Orlando Castro-Lima musterte die scherzenden Schwarzen mit ihren schweißglänzenden Muskeln, die fröhlich ihrer Arbeit nachgingen, und betrachtete dann den Ofen, in dem die Knochen der Hungertoten verbrannten. Nachdenklich sagte er dann: »Hier kannst du in aller Klarheit sehen, was natürliche Selektion bedeutet.«

Natürliche Selektion? Der Ausdruck allein ist empörend. Und dennoch schwingt er unausgesprochen in einer Vielzahl von Diskussionen mit. Ich habe diesen Begriff unzählige Male in Diskussionen an Universitäten, auf Konferenzen im Palais des Nations in Genf oder im Laufe von Privatgesprächen mit Verantwortlichen des WFP, der FAO oder der Vereinten Nationen gehört. Die Fatalität des Hungers wird als probates Mittel gegen die Übervölkerung des

Planeten begriffen. Der Hunger wird als Instrument der Geburtenkontrolle betrachtet. Die Stärksten überleben. Die Schwachen sterben. Natürliche Selektion. Auch der große Darwin hat sich dieses Begriffs bedient. Die Idee impliziert einen unbewussten Rassismus.

Aber wer hat eine so dumme Theorie erfunden?

Ein anglikanischer Pastor namens Thomas Malthus, der Ende des 18. Jahrhunderts in England lebte. 1798 veröffentlichte er seine *Abhandlung über das Bevölkerungsgesetz*. Ich fasse seine Thesen für dich zusammen: Die Weltbevölkerung unterliegt einer geometrischen Progression und verdoppelt sich alle 25 Jahre. Die Nahrungsmittelmenge hingegen nimmt nur in arithmetischer Reihe zu. Die armen Familien müssen folglich freiwillig die Anzahl ihrer Kinder einschränken. Jede Form der Hilfe oder sozialen Unterstützung für die Bedürftigen sollte eingestellt werden. Krankheiten und Hunger erfüllen eine schmerzliche, aber notwendige Funktion: Sie reduzieren auf natürliche Weise die Anzahl der Menschen auf der Erde.

Ein merkwürdiger Christ, dieser Malthus!

Ja, aber sein Buch hatte bei seiner Veröffentlichung einen riesigen Erfolg in der europäischen Führungsschicht. Es hatte beträchtlichen Einfluss auf die Volkswirtschaftler und auf die Politik der Unternehmer während des ersten Jahrhunderts der Industrialisierung. Auch heute noch üben Malthusische Gedanken einen verheerenden Einfluss aus.

Aber die Theorie von Malthus ist vollkommen falsch. Du selbst hast mir gerade eben gesagt, dass unsere Erde den Zahlen der FAO zufolge mühelos mehr als das Doppelte der derzeitigen Weltbevölkerung ernähren könnte. Wie kann man da der Theorie dieses Malthus Glauben schenken?

Die Antwort ist ganz einfach, Karim. Diese Theorie ist zwar grundfalsch, aber sie erfüllt perfekt ihre psychologische Funktion. Der tägliche Anblick von Hungergerippen im Fernsehen, von Kindern, die sterbend auf dem Boden eines medizinischen Versorgungszentrums kauern, und anderen, die bis auf die Knochen abgemagert aus dem sudanesischen Busch laufen, ist für einen normal empfindenden Menschen unerträglich. Um ihr schlechtes Gewissen zu beruhigen oder ihre Empörung angesichts des absurden Zustands der Welt zu betäuben, klammern sich manche Menschen an den Mythos von Malthus, an eine Pseudowissenschaft, die es ihnen ermöglicht, das Grauen, dessen Zeugen sie sind, zu vergessen, zu verdrängen und »auszulöschen«.

4

Erzähl mir mehr über Somalia, über die Bilder, die in diesen Tagen über den Bildschirm gehen. Was unternehmen die westlichen Staaten, um die somalischen Kinder zu retten?

So absurd es klingt, Karim: Sie können nicht viel unternehmen. Erinnere dich: Vor mehr als acht Jahren ließ Präsident Bush an Weihnachten ein Expeditionskorps in Somalia an Land gehen. Seine Aufgabe bestand darin, die Verteilung von Lebensmitteln zu überwachen und den Schutz der Schiffe, der Lastwagen und der Mitarbeiter des Internationalen Komitees des Roten Kreuzes und des Roten Halbmonds sowie des Hochkommissariats für Flüchtlingsfragen zu garantieren, die den Auftrag hatten, Lebensmittel und Medikamente zu eskortieren und zu verteilen. Was aber ist geschehen?

Ich erinnere mich nicht mehr.

Dutzende von amerikanischen Soldaten wurden getötet. Auch Soldaten anderer Kontingente fielen, viele darunter Italiener. Schließlich traten das mächtige Amerika und mit ihm auch die anderen Kontingente den Rückzug an und überließen die ärmsten Somalier ihrem Schicksal. Und heute stehen wir erneut vor der Katastrophe und den Massengräbern des Hungers.

Warum haben die amerikanischen Soldaten nicht gekämpft?

Das ist eine lange und komplizierte Geschichte. Ich will sie für dich zusammenfassen: Das heutige Somalia – mehr als 630 000 Quadratkilometer Wüste, Steine sowie fruchtbare und feuchte Gebiete zwischen dem Indischen Ozean und den Hochebenen Äthiopiens – entstand 1960 aus zwei Kolonialgebieten, einem italienischen und einem englischen. 1969 ermordet General Siad Barre in einem Militärputsch den gewählten Präsidenten und reißt die Macht in Mogadischu an sich. Ende der achtziger Jahre erheben sich mehrere mächtige Clans gegen Siad Barre: Im Norden rebelliert der Clan der Ishak, in der Mitte sind es die Hawija, weiter östlich erheben sich die Ogadeni. Barre lässt viele seiner Gegner massakrieren, doch 1990 kontrolliert er praktisch nur noch die Hauptstadt Mogadischu. Von Norden bis Süden breitet sich eine schreckliche Hungersnot aus. Hunderttausende von Menschen, vor allem Kinder, kommen ums Leben. 1991 greift endlich die UNO ein und stellt eine groß angelegte Hilfsaktion unter dem Namen UNOSOM I auf die Beine. Doch die Kriegsherren und die fanatischen Anhänger Barres plündern Schiffe und Lastwagen und erpressen Lösegelder für die als Geiseln genommenen Vertreter der internationalen Hilfsorganisationen. Und das Sterben in Somalia geht weiter ... Daraufhin beschließt der amerikanische Präsident George Bush, die Operation »Restore Hope« (Neue Hoffnung) zu starten. Am 7. Dezember 1992 gehen die ersten amerikanischen Soldaten unter den Augen von zweihundert Journalisten und Kameramännern aus aller Welt an der Küste von Mogadischu an Land. Sie bilden die Vorhut eines Expeditionskorps von mehr als 30000 Mann. Doch die somalischen Kriegsherren strecken keineswegs die Waffen. Ali Madhi Mohammed, Osman Ato, General Aidid – und noch andere – unterhalten Privatarmeen, die sie aus ihren jeweiligen Clans rekrutiert haben und die mit hoch technisierten Waffen ausgerüstet sind, welche entweder aus den Arsenalen Barres stammen oder in Europa gekauft wurden. Dem Anschein nach ist der Auftrag des amerikanischen Oberkommandos ganz einfach: Es soll die verschiedenen somalischen Kriegsparteien versöhnen, die Mitglieder der internationalen Hilfsorganisationen schützen und die dringend notwendige ungehinderte Verteilung der Lebensmittel garantieren. Dennoch scheitern die Amerikaner auf der ganzen Linie. Dutzende ihrer Soldaten und Offiziere kommen ums Leben – bei Attentaten, in Hinterhalten, durch die Stadtguerilla. Und da diese im Allgemeinen vor laufenden Fernsehkameras sterben, fordert die amerikanische Öffentlichkeit die sofortige Heimkehr ihrer Truppen.

Aber es gibt doch auch die UNO, die internationalen Hilfsorganisationen. Was unternehmen sie?

Die UNO hat alles in ihrer Macht stehende getan und tut es noch immer. Heute sind in Somalia mehrere hundert Mitarbeiter der UNO stationiert – mutige Menschen, von denen die Mehrheit täglich ihr Leben aufs Spiel setzt. Der Sonderbeauftragte Kofi Annans, Botschafter Langenbacher, ist sogar Schweizer, weißt du das? Er versucht unermüdlich, die verfeindeten Clans wieder zur Vernunft zu bringen. Doch das Ergebnis ist gleich null! Daher kommt es heute erneut zu einem Massensterben, zu einer Hungerkatastrophe, die mit einem Minimum an Zusammenarbeit zwischen den Kriegsherren und der UNO wirksam bekämpft werden könnte.

So einfach wäre das? Es würde genügen, diese schrecklichen Kriegstreiber verschwinden zu lassen oder sie zumindest dazu zu bringen, mit den Vertretern der Vereinten Nationen, den internationalen Experten, mit Ärzte ohne Grenzen, Ärzte der Welt, der Aktion gegen den Hunger und den Delegierten des Internationalen Komitees des Roten Kreuzes zusammenzuarbeiten?

Nichts ist einfach, weißt du. Vor allem nicht in Afrika oder anderswo in der Dritten Welt. Im somalischen Drama, das sich vor unseren Augen abspielt, treffen in der Tat praktisch alle Faktoren zusammen, die die langsame Vernichtung Hunderttausender Menschen durch Nahrungs-, Trinkwasser- und Vitaminmangel bewirken und heute unseren Planeten heimsuchen: der Hass zwischen mächtigen Clanfürsten, Bruderkriege, instabile Institutionen, Naturkatastrophen – Hurrikane, Dürren, zunehmende Wüstenbildung –, das Fehlen von Straßen und Hafenanlagen, die Verweigerung einer Zusammenarbeit mit der UNO und den karitativen Organisationen.

5

Gibt es verschiedene Formen oder Ausprägungen von Hungersnöten?

Die FAO unterscheidet in ihrem technokratischen Jargon zwischen »strukturellem Hunger« und »konjunkturellem Hunger«. Zusammenfassend kann man sagen, dass der »konjunkturelle Hunger« mit einem brutalen, überraschenden, blitzartigen Zusammenbruch der gesamten wirtschaftlichen und sozialen Infrastruktur einer Gesellschaft einhergeht. Eine Dürre oder ein Hurrikan trifft ein Land, zerstört Dörfer, Felder, Straßen und Brunnen; in einem Krieg werden die Häuser in Brand gesetzt, die Menschen auf die Straßen gejagt, die Märkte vernichtet, Brücken in die Luft gesprengt. Plötzlich gibt es keine Nahrung mehr, Millionen von Menschen stehen von einem Tag zum anderen mit leeren Händen da. Wenn nicht sehr schnell internationale Hilfe eintrifft, verhungern sie. Der »strukturelle Hunger« hingegen ist mit chronischem Nahrungsmangel und dem dauerhaftem Fehlen einer angemessenen Ernährung verbunden. Er resultiert aus der allgemeinen wirtschaftlichen Unterentwicklung eines Landes, aus der Unzulänglichkeit seiner Produktivkräfte und seiner Infrastruktur, aus der extremen Armut der Mehrzahl seiner Bewohner. Die Menschen sterben langsam an der großen Zahl von Krankheiten, von denen sie befallen werden, an Vitaminmangel, an Kwaschiorkor. Kurz gesagt, der »strukturelle Hunger« wird nicht durch eine äußere Katastrophe ausgelöst, sondern ist untrennbarer Bestandteil der Strukturen der Gesellschaft, in der er herrscht.

Ich verstehe immer noch nicht ganz, was man unter »konjunkturellem Hunger« versteht. Hast du ein Beispiel dafür?

Ich erinnere mich an einen Tag im Januar 1985 in Äthiopien, einem Land, das vom Export von Kaffee, Tierhäuten und Zitrusfrüchten lebt und nun auf Grund des Zusammenbruchs der Wirtschaft vollkommen wehrlos Dürre und Hungersnot ausgeliefert war. Der mit Getreidesäcken aus den Beständen der Europäischen Gemeinschaft beladene Hubschrauber überflog, begleitet von einem identischen Hubschrauber, die felsigen Hochebenen, die aus einer Höhe von 2400 Metern sacht in die riesige Ebene von Barka abfallen, auf der das Volk der Ben-Ammar lebt. Überall war der Boden grau oder gelb. In den weit verstreuten Dörfern, die wir seit einer Stunde zu Gesicht bekamen, war kein Lebenszeichen zu sehen, sie sahen aus wie verlassene Geisterdörfer mit intakten Häusern, in denen weder Mensch noch Vieh sich regte.

Die Hauptstadt der Barka, früher eine der fruchtbarsten Regionen Äthiopiens, heißt Agordat. Der gleichnamige Fluss fließt von den Bergzügen des Sahel herab, strömt von Süden nach Norden durch die ausgedehnte Ebene, überquert 33 Kilometer weiter die Grenze zum Sudan und ergießt sich dann in den Blauen Nil. Seit der italienischen Besatzungszeit sicherten die Palmengärten, die Wassermelonenfelder und die Orangenhaine, die den Fluss säumten, den ansässigen Bauern ein ordentliches Auskommen und ermöglichten ihnen lukrative Obst- und Gemüseexporte nach Djidda und in andere saudi-arabische Städte auf der anderen Seite des Roten Meers.

Und dann?

Die heiße Januarsonne stand bereits hoch am Himmel, als wir auf dem rissigen Boden vor den Toren Agordats landeten. In normalen Zeiten lebten in der Stadt weniger als 6000 Menschen. Bei meinem Besuch hatten 25 000 darin Zuflucht gesucht – und jeden Morgen tauchten neue Züge von Elendsgestalten aus dem Dunst auf. Das *feeding center* ...

Sag mir noch einmal, was das ist!

Ein Aufnahmelager, in dem Lebensmittel verteilt und medizinische Versorgung geleistet wurde, unter Leitung von drei Vertretern der RRC, der Relief and Rehabilitation Commission, die damals in ganz Äthiopien die nationalen und ausländischen Hilfsmaßnahmen koordinierte. Es lag etwas abseits der Stadt.

Ein alptraumhafter Anblick! So weit das Auge reichte, dehnten sich Hütten aus Pappkarton und zwischen zwei dürren Ästen aufgespannten Plastikdächern aus. Bewegungslose Skelette lagen auf dem staubigen Boden. Kein Laut war zu hören, abgesehen vom Summen der Fliegen, die über die entzündeten Augen der Kinder herfielen. Ein paar Alte, die überlebenden Führer der Clans, lehnten sich mit abwesendem Blick an die Mauer des kleinen Ziegelhauses der RRC oder an den einzigen Wassertank und stützten ihre abgezehrten Körper auf ihre großen Hirtenstäbe. Doch auch jetzt noch wohnte ihren Gesten dem fremden Besucher gegenüber eine unglaubliche Würde inne.

Vor dem Aufnahmelager sortierte ein junger äthiopischer Krankenpfleger unter den Hilfe Suchenden aus, eine dramatische, aber unvermeidliche Operation, zu der sich auf dem riesigen äthiopischen Staatsgebiet – mehr als 1,2 Millionen Quadratkilometer – Hunderte von ausländischen und einheimischen Ärzten, Krankenschwestern und Sozialarbeitern gezwungen sahen. Die Überlebenden dieser langen Märsche, die im Lager von Agordat eintrafen, benötigten in der Regel Spezialnahrung und intensive Pflege. Diese Nahrung aber war nur in begrenzten Mengen verfügbar. Der einheimische Pfleger musste entscheiden, wer eine Chance zu überleben hatte und wer angesichts seines Zustandes wahrscheinlich in Kürze sterben würde. Vor dem Ziegelhaus saßen Mütter mit ihren Kindern im Arm. Das erschütterndste Schauspiel boten jene Lumpenpakete, die sich sanft im Rhythmus ihres Atems hoben und senkten. Kleine Kinder lagen in den Lumpen. Der Pfleger schob die Lumpen zurück. Manchmal gab er der Frau, die daneben saß, ein Zeichen. Daraufhin ergriffen junge Männer den kleinen Körper und legten ihn sanft auf einen Lieferwagen, der in Richtung eines wenige Kilometer entfernten Hügels fuhr, wo sich das Krankenhaus befand. Viele Kinder waren blind. Der chronische Mangel an Vitamin A hinterlässt irreversible Schäden an den Augen und im Gehirn.

Ich hatte solche Bilder schon zuvor im Fernsehen gesehen. Um mich dagegen immun zu machen, hatte ich mir eingeredet, der Tod durch Verhungern sei ein sanfter Tod, hervorgerufen durch eine fortschreitende Schwächung, die im Endstadium in eine Art Bewusstlosigkeit übergeht. Nun, das ist nicht wahr! Die kleinen runzligen Gesichter, die manchmal mit schmerzverzerrter Miene aus den Lumpen auftauchten, zeugten von schrecklichen Qualen. Die kleinen Körper krümmten sich wimmernd. Von Zeit zu Zeit hob eine Mutter oder eine Schwester sanft ein Tuch und bedeckte ein Gesicht.

Was geschah dann im Krankenhaus?

Vor dem Krankenhaus stand ein Vater mit angstvollem Blick im zerfurchten Gesicht. Sein Sohn lag zu seinen Füßen. War er zwölf Jahre alt, fünfzehn? Seine Gliedmaßen waren extrem dünn, wie Spinnenbeine. Ich musste an dich denken, Karim. Der einzige Arzt vor Ort, Dr. Tamart Mangesha, schüttelte schweigend den Kopf. Alle Hilfe kam zu spät. Das Kind würde hier, vor dem Eingang, sterben. Ein Zittern durchlief den Körper des Vaters. Tränen rannen über seine Wangen. Er sagte kein Wort. Sein starrer Blick war auf den Arzt gerichtet. Dieser schüttelte noch einmal den Kopf. Das Kind war nicht mehr zu retten. Da beugte der Vater sich nieder. Unendlich sanft hob er seinen Sohn auf, nahm ihn in die Arme und ging davon.

Der Arzt führte mich in den zweiten Stock. In einem hellen Saal standen Betten nebeneinander. Das war die Intensivstation mit den intravenös Ernährten. Mädchen, Jungen, einige Erwachsene und viele Kleinkinder teilten sich die wenigen verfügbaren Betten. Ein kleiner Junge fixierte mich mit seinen großen braunen Augen, offenbar ohne zu begreifen, was ihm widerfuhr. Die Äthiopier sind ein diskretes, unendlich höfliches Volk. Doktor Mangesha sagte zu mir: »Die Situation hat sich etwas gebessert, in dieser Woche haben wir nur 29 Kinder verloren.« Es gab weder Antibiotika noch Sulfonamide, weder Streptomycin gegen Tuberkulose noch das geringste Medikament gegen Diarrhöe, die tödliche Folgen hat.

Es war der 7. Januar 1985, Weihnachten nach dem julianischen Kalender, nach dem die Äthiopier leben. Bis an mein Lebensende werde ich diese Weihnachten nicht vergessen.

Aber gab es nicht anderswo in Äthiopien besser ausgestattete Krankenhäuser und Versorgungszentren?

Nein. Denn seit fünf Jahren schon hatte es auf den Hochebenen Äthiopiens, auf denen 85 Prozent der 42 Millionen Bewohner des Landes leben, nicht mehr geregnet. Die Erde war nur noch Staub, hie und da standen noch ein paar verdorrte Halme *teff*, der einheimischen Getreideart. Zu Hunderttausenden irrten die Bauernfamilien auf der Suche nach ein paar Körnern, einer noch so geringen, unsicheren Überlebenschance in den Bergen und auf Staubpisten umher. In der Ebene gruben die Nomaden der Afar, deren Vieh längst verendet war, mit bloßen Händen auf der Suche nach Wasser oder ein paar essbaren Wurzeln den Boden auf. Äthiopien, dieses mehr als 2000 Jahre alte, großartige Land, gehört zu den ärmsten Staaten der Erde mit einem Pro-Kopf-Einkommen von 128 Dollar im Jahr. Die Familien marschierten oft wochenlang über die Hochplateaus der Provinzen Tigre, Wollo und Schoa, um ein Versorgungszentrum zu erreichen. Wie viele gingen unterwegs zu Grunde? Wir werden es nie erfahren. Frédéric Steinemann, der Sprecher der Mission des Internationalen Komitees des Roten Kreuzes, das in Äthiopien vierzig Ärzte und Krankenschwestern sowie Piloten, Fahrer, ein Flugzeug vom Typ Hercules und Dutzende von Lastwägen stationiert hatte, schätzte, dass mehr als eine Million Männer, Frauen und Kinder innerhalb eines Jahres auf den Straßen des Exodus ihr Leben gelassen hatten.

War die Selektion, die dich in Agordat so schockiert hat, eine Ausnahme? Ein schrecklicher Zwischenfall?

Ich habe die Aufnahmelager in Makale und Korem auf den zentralen Hochebenen gesehen: Über Erdlöcher gespannte Plastikfetzen, unter denen sich 20, 30 Skelette zusammendrängten. So weit das Auge reichte, dehnten sich auf den Berghängen der Umgebung und auf der Hochebene diese Behelfsunterkünfte aus. Wer offiziell registriert war, erhielt ein Plastikarmband ums Handgelenk und konnte damit einmal täglich die Lebensmittelausgabe aufsuchen. Viele aber – vor allem Kinder – hatten kein Armband.

Die Ärzte und Schwestern in Makale und Korem führten die gleiche Selektion durch wie in Agordat. Sie schätzten den Zustand der Verhungernden ab und überlegten, ob sie noch zu retten waren oder nicht. Eine gnadenlose Selektion, denn es gab einfach nicht genügend Lebensmittel, intravenöses Serum, Vitamintabletten und Proteine für alle. Also musste man versuchen, die zu retten, deren Körper und Gehirn noch nicht unheilbar geschädigt waren.

Die Selektion, Karim! Dieses kleine Plastikband um das magere Handgelenk eines kleinen Skeletts ... Das Kind und seine Mutter kommen vielleicht am nächsten Tag wieder, um sich eine neue Ration zu holen, oder aber die Krankenschwester schickt beide weg. Kannst du dir vorstellen, was im Kopf der Schwester, die die Selektion durchführen muss, vor sich geht? Die zu einer Mutter sagen muss: »Dein Kind ist zu sehr geschwächt, und unsere

Rationen sind zu knapp, ich kann ihm das Armband nicht geben.« Und die Mutter, was, glaubst du, empfindet sie? Was ich vor fünfzehn Jahren in Agordat gesehen habe, wiederholt sich heute, jeden Tag, jeden Morgen vor Hunderten von Krankenstationen, am Eingang Hunderter von Feeding centers vom Tschad bis zum Sudan, von Sierra Leone bis Somalia, fast überall in der Dritten Welt.

6

Es müsste eigentlich recht einfach sein, solche »konjunkturellen Hungersnöte« zu bekämpfen? Es würde doch genügen, an die Betroffenen möglichst schnell ausreichend Nahrungsmittel zu verteilen!

Täusch dich nicht. Im Allgemeinen werden die Opfer der »konjunkturellen Hungersnöte« erst relativ spät von den Hilfsorganisationen entdeckt. Viele Regierungen in der Dritten Welt verheimlichen oft lange Zeit, aus einer Art von falschem Stolz oder häufiger aus Schlamperei der Verwaltungsorgane, wie es wirklich um ihr Land bestellt ist. Und selbst wenn man in New York, Rom, Paris, Berlin, Madrid, London oder Genf die Ausmaße der Katastrophe endlich begriffen und den Mechanismus der Nothilfe in Gang gesetzt hat, braucht es noch Zeit, um die Hilfsgüter und das entsprechende Personal auf den Weg zu bringen.

Das sind aber doch keine unüberwindlichen Probleme!

Nein, aber es kommt noch etwas anderes hinzu: Die Durchführung einer Notfallversorgung stellt höchste Anforderungen und erfordert sehr gut ausgebildetes Personal. Ein Kind mit fortgeschrittenen Hungersymptomen muss nach genau definierten Methoden behandelt werden. Es kann tödlich sein, wenn man einem halb verhungerten Mann, einer Frau oder einem Kind einfach ein Stück Brot oder eine Schale Reis in die Hand drückt. Der Organismus des Verhungernden ist schwer geschädigt, geschwächt, sein Stoffwechsel ist radikal verändert, wenn er endlich vor der Versorgungsstation erscheint.

Man braucht also Seren und Spezialnahrung. Oft ist der Verdauungsapparat zu sehr geschwächt, und man muss intravenös Nährflüssigkeit zuführen. Dann muss man Schritt für Schritt nach Richtlinien, die nur ein erfahrener Arzt oder eine erfahrene Krankenschwester festlegen können, die Lebenskräfte des Opfers wieder aufbauen. Man muss seine grundlegenden Funktionen allmählich wieder in Gang bringen. Ich wiederhole: Das alles erfordert eine genaue Diagnose und anschließend die Durchführung einer individuell angepassten Therapie, die in der Regel drei bis vier Wochen dauert.

Selbst unter strikter ärztlicher Kontrolle ist eine solche Notfallhilfe nicht ungefährlich. Kinder, die an schwerer Unterernährung leiden, werden im Allgemeinen mit Hilfe von Milchpulver ernährt, das mit Zucker, Vitaminen und Mineralien angereichert ist, das Ganze wird in Wasser aufgelöst. Oft wird der Zucker nur schlecht von dem geschwächten Organismus vertragen. Zudem begünstigt die

Milch die Vermehrung von Bakterien, die so gut wie immer im Wasser vorhanden sind.

Eine falsche Diagnose, oder schlimmer noch die wahllose Verabreichung von Nahrung, insbesondere einer Nahrung, die nicht auf den geschwächten Organismus des Opfers abgestimmt ist, kann in kürzester Zeit tödlich sein.

Vor kurzem sah ich in einer großen französischen Illustrierten spektakuläre Fotos von Flugzeugen, die sehr tief flogen und über dem Busch des Südsudan Container mit Nahrungsmitteln abwarfen. Aus den verkohlten Büschen tauchten graue Gespenster auf, die sich auf die Container stürzten. Unter dem Foto stand zu lesen: »Endlich kommt die Katastrophenhilfe im Sudan an.« Diese Bildlegende ist blanker Unfug: Katastrophenhilfe ist etwas ganz anderes, nämlich eine hochkomplizierte logistische und medizinische Operation.

7

Und nun erkläre mir genauer, was unter »strukturellem Hunger« zu verstehen ist!

Der strukturelle Hunger ist viel schwieriger einzugrenzen, weil er sich nicht in endlosen Zügen abgemagerter Hungergestalten auf der Suche nach irgendetwas Essbarem manifestiert oder in riesigen Aufnahmelagern, in langen Warteschlangen von Frauen, die nur noch Haut und Knochen sind und Kinder mit greisenhaften Gesichtern auf dem Arm tragen. Der »strukturelle Hunger« ist zum Beispiel der Grund dafür, dass Hunderttausende von Kindern in Afrika, Asien und Lateinamerika infolge von Vitamin-A-Mangel erblinden. Er trägt dazu bei, dass jedes Jahr 165 000 afrikanische Frauen, deren geschwächter Körper nicht einmal der kleinsten Infektion widerstehen kann, im Kindbett sterben. Der »strukturelle Hunger« äußert sich auch in einer Vielzahl von in Europa unbekannten oder seit langem besiegten Krankheiten und Epidemien. Nimm zum Beispiel den Kwaschiorkor, diese langsame Zerstörung des Körpers, die hauptsächlich Kinder trifft und ihr Wachstum zum Stillstand kommen lässt. Die Haare werden zuerst rot, dann fallen sie aus. Der Bauch bläht sich auf. Die Zähne werden locker und fallen aus. Langsam stirbt das Kind oder der Jugendliche. Eine andere Geißel sind die Würmer, die so viele Menschen in der Dritten Welt von innen auffressen. Hast du schon einmal diese Pressefotos gesehen, die Berge von Unrat an den Rändern der Megalopolen Südasiens, Afrikas, Perus oder Brasiliens zeigen? Das sind die Abfälle, die die Reichen der Stadt übrig gelassen haben. Bei Tagesanbruch stürmen die Armen und Ausgehungerten auf diese Müllberge und klettern an ihren Flanken empor. Mit scharfen Spitzhacken wühlen sie im Dreck. Wenn sie ein Stück Fleisch finden, einen Tierkadaver, Brotreste, halb verfaultes Gemüse oder verdorbenes Obst, dann werfen sie ihre Beute in einen Plastiksack, den sie bei sich tragen. Später bringen sie diese »Lebensmittel« zu ihren Familien in den Elendsvierteln. So retten sie sich von einem Tag zum nächsten. Aber was sie konsumieren, greift ihren Organismus an: Die Würmer lassen ihre Bäuche anschwellen. Alle möglichen Krankheiten, oft genug tödliche, nisten sich in ihnen ein.

In meinem Büro an der Universität habe ich ein Foto an der Wand befestigt. Erinnerst du dich? Darauf sind zwei barfüßige kleine Jungen in Lumpen zu sehen, in deren Augen eine grenzenlose Traurigkeit steht. Sie hocken auf einem Müllberg in Manila auf den Philippinen. Smoky Mountains – rauchende Berge – nennt man diese Abfallkegel, auf denen es immer irgendwo qualmt. Der Hügel auf dem Foto erhebt sich unmittelbar neben einem

»Wohnviertel«: Payatas. Es erstreckt sich auf 300 Hektar Grund, auf denen 300 000 Seelen leben, wovon drei Viertel ständig arbeitslos sind. Luft und Wasser dort sind vergiftet; Ratten, Moskitos und der Monsun sorgen dafür, dass sich Tuberkulose, Lungen- und Hautkrankheiten, Würmer und Meningitis auf dem ganzen Areal immer weiter ausbreiten. Die einzigen »Heilmittel«, die den Menschen dagegen zur Verfügung stehen, sind Alkohol, Klebstoffdämpfe und Religion.

Überall in der Welt ernähren die Abfälle der Reichen – wenn man so sagen darf – Millionen von armen Schluckern in Tausenden von Elendsvierteln. Viele Bücher wurden bereits über diese Kreisläufe geschrieben. In soziologischen Untersuchungen wurden sie hundertfach erforscht. Wenn du wissen willst, was sich jeden Morgen auf den Unratbergen von Manila abspielt, solltest du beispielsweise das Buch von Jean Dallais, *Philippines, les enfants du mépris* lesen.

Ich werde es lesen.

Ich glaube, du brauchst es gar nicht zu lesen! Deine Mutter ist Ägypterin, und als du noch klein warst, hast du einen großen Teil deiner Ferien bei den Großeltern in Kairo verbracht. Ich erinnere mich sehr gut an unsere Spaziergänge in der Umgebung der Zitadelle. In Kairo sind beinahe alle Friedhöfe bewohnt, so auch der große Friedhof am Fuß der Mameluken-Festung. Einwanderer aus dem Fayum, aus Oberägypten, sogar aus dem Sudan besetzen die Gräber der Großbürger. Im Schutz der Marmormausoleen stellen sie ihre Bretter und ihre Plastikplanen auf. Sie bauen sich einen Unterstand und bereiten auf Holzkohlefeuern ihre magere Kost zu. Frauen und Kinder beschaffen die Nahrung von der nahe gelegenen öffentlichen Abfallhalde. Essensreste, die jeden Morgen von den Lastwägen der Müllabfuhr abgeladen werden, welche aus Heliopolis oder den anderen vornehmen Vierteln Kairos kommen. Dort wohnen die Emire des Golfs, die Funktionäre des Regimes, die Offiziere der Armee, die wohlhabenden Händler und die Spekulanten. Und sie verstehen es zu leben, die Reichen Ägyptens! Von ihren üppigen Gelagen fallen reichlich Reste ab. Die trockene Wüstenluft konserviert sie. Für Tausende von Einwandererfamilien auf den Friedhöfen sind sie das tägliche Brot. Du brauchst dich nur an das zu erinnern, was du als kleines Kind in Kairo gesehen hast! Das gleiche Bild bietet sich – mit Abweichungen natürlich – von Manila bis Nouakschott, von São Paulo bis Kampala. Ein ungewisses Überleben ist das: mit Würmern im Bauch als Dreingabe.

Und das Schlimmste noch, Karim, ist, dass der Fluch des Hungers sich von Generation zu Generation vererbt. Millionen von schwer unterernährten Müttern gebären jedes Jahr überall auf der Welt Millionen schwer geschädigter Kinder.

8

Warum ist es so schwierig, den »strukturellen« Hunger zu bekämpfen?

So viele Dinge muss man bedenken, Karim, um die Hydra des »strukturellen Hungers« zu begreifen! Dazu gehören die Dehydration, also die Austrocknung von Säuglingen und Kleinkindern, und die Durchfälle mit tödlichem Ausgang. Die selbst schon entkräfteten, erbarmungswürdigen Mütter können ihre Kinder häufig nicht ausreichend stillen. Sie haben entweder nicht genug Milch, oder aber die Milch ist von absolut mangelhafter Qualität. Die kleinen Körper sterben beinahe auf der Stelle, das heißt nach wenigen Tagen einer qualvollen Existenz.

In Cratéus im brasilianischen Bundesstaat Céara habe ich neben dem offiziellen katholischen Friedhof ein weitläufiges Gelände gesehen, das mit kleinen Hügeln übersät war. »Crianças anonymas«, erklärte mir mein Freund Cicero, der Bauer, der mich beherbergte – namenlose Kinder, die in den ersten Tagen oder Wochen nach ihrer Geburt an Hunger, Masern, Durchfall oder Austrocknung gestorben waren. Ihre Eltern sind zu arm, um sie ins Geburtsregister eintragen zu lassen, wozu sie von Gesetzes wegen verpflichtet wären. Doch der Bürgermeister verlangt einen oder zwei Real für die Eintragung. Also nimmt die Mutter, der Vater oder ein älterer Bruder des Nachts den leblosen kleinen Körper, scharrt ein Loch im »Campo das crianças anonymas« und legt das letzte Neugeborene der Familie hinein.

Ohne jede Zeremonie? Einfach so?

In Cratéus geht es noch menschlicher zu als in den meisten anderen Dörfern im Nordosten Brasiliens. Immerhin konnte der Bischof von Cratéus, Don Fragoso, trotz der heftigen Proteste des Obersten der Militärgarnison durchsetzen, dass die Familien der kleinen Märtyrer auf dem Lehmhügel ein Kreuz aus zwei Eukalyptuszweigen aufstellen dürfen – womit sie das Gesetz übertreten.

Gibt es viele dieser »Crianças anonymas« auf der Welt?

In jeder Minute werden 250 Kinder auf der Erde geboren, 197 davon in den 122 Ländern der so genannten Dritten Welt. Viele davon enden bald darauf in einer dieser anonymen Begräbnisstätten. Régis Debray sagte über sie: »Sie sind Gekreuzigte von Geburt an.«

9

Aber es ist doch Aufgabe der reichen Staaten und der internationalen Organisationen, eine gerechte Verteilung der Nahrungsmittel auf der Erde zu bewirken!

Die internationale Gemeinschaft ist bedauerlicherweise nicht allmächtig. Und gerade diejenigen, die an andere denken und ihnen zu Hilfe kommen wollen, leiden auf dieser Welt, die unter ihren Reichtümern schier zusammenbricht, an chronischem Geldmangel. Ich will dir ein Beispiel nennen. Im September 1998 reiste ich in den südlichen Kaukasus. Nach Georgien. Dieses großartige und alte Land wird von zwei Bürgerkriegen zerrissen. Zwei Regionen haben ihre Unabhängigkeit erklärt: Südossetien und Abchasien. Die derzeitige Zentralregierung von Tbilissi unter der Führung von Präsident Edvard Schewardnadze versucht, die Separatisten in die Knie zu zwingen. Die Folge sind Hunderttausende von Flüchtlingen. Georgien aber, das gerade erst aus der langen sowjetischen Nacht aufgetaucht ist, hat nicht die Mittel, sie zu ernähren und zu versorgen.

Insbesondere eine Organisation spielt eine Schlüsselrolle für das Überleben der Flüchtlinge, das World Food Program, WFP, im Deutschen als Welternährungsprogramm bekannt. Die Organisation wurde 1963 gegründet und untersteht der FAO.

Was macht das WFP?

Das Welternährungsprogramm arbeitet nur in Ländern, die ein Lebensmitteldefizit aufweisen. Zu Beginn erhielt die Organisation von den Geberländern deren Nahrungsmittelüberschüsse, hauptsächlich von Europa und den Vereinigten Staaten. Später änderte sich das System: Die Geberländer spenden nun Geld, und die Organisation kauft zum günstigsten Preis in den Ländern, die dem Not leidenden Land am nächsten liegen, die Lebensmittel ein, die dort üblicherweise verzehrt werden.

Das alte System zog zu Recht Kritik auf sich. So schickte die Schweiz beispielsweise ihre Käseüberschüsse an das Welternährungsprogramm, und dieses musste sie in Regionen verteilen, wo kein Mensch an den Verzehr von Käse gewöhnt war. Die Vereinigten Staaten überschwemmten die Organisation mit ihren Weizenüberschüssen, während man sich dort um Völker kümmern musste, die traditionell nur Reis aßen.

Heute steht Catherine Bertini, eine tatkräftige Amerikanerin, an der Spitze des Welternährungsprogramms. Diese Organisation unterhält achtzig Büros in aller Welt. Ihr unterstehen ungefähr zweitausend Mitarbeiter und Experten, von denen rund achthundert in der Zentrale in Rom beschäftigt sind.

Wie funktioniert das WFP konkret?

Es basiert auf einem ausgeklügelten Prinzip: Zwei Drittel seiner Ressourcen werden für Notstandshilfe aufgewendet. Ein Drittel seiner Mittel wird jedoch in »Gehälter« umgewandelt. Das Welternährungsprogramm plant nämlich in Zusammenarbeit mit den örtlichen Behörden Projekte zur Verbesserung der Infrastruktur. In Westgeorgien beispielsweise finanziert es Maßnahmen zur Instandsetzung und Wiederbewirtschaftung der Teepflanzungen, die von den Bauern auf der Flucht vor den Kampfhandlungen aufgegeben worden waren. Die geflohenen Bauern arbeiten so an großen Projekten mit und werden nicht mit Geld, sondern mit Säcken voll Reis, Weizen und Milchpulver entlohnt.

Diesem Programm ist es zu verdanken, dass seit 1997 Tausende von Flüchtlingsfamilien wieder in den Genuss einer fast normalen Ernährung kommen.

Aber du hast mir erzählt, dass das Welternährungsprogramm seine Hilfsmaßnahmen in Georgien abbrechen musste?

Das ist richtig. Und es veranschaulicht genau das, was ich dir gerade gesagt habe: Selbst die effektivsten unter den internationalen Organisationen sind oft durch Ereignisse, auf die sie keinen Einfluss haben, zum Scheitern verurteilt.

Während meines Aufenthalts in Tbilissi besuchte ich den Leiter des WFP, einen bemerkenswerten Schweizer namens Joseph-Alain Charrière, in seinem Büro. Er zeigte mir auf einer großen Wandkarte die Gebiete, wo die georgischen Flüchtlinge sich angesiedelt hatten. Ich hatte mehrere dieser Gebiete zuvor besucht, insbesondere die Regionen von Mengrelien und Zugdidi, entlang der georgischen Westgrenze. Unvermittelt sagte Charrière zu mir: »Es ist vorbei. Ich habe Anweisung aus Rom, die Programme zu stoppen.«

Angesichts meines konsternierten Blicks fügte er hinzu: »Die Sache ist ganz einfach. Die Nahrungsversorgung in Somalia und im Südsudan ist noch katastrophaler. Dem Programm fehlt es an Geld. Deshalb hat die Leitung in Rom beschlossen, unsere verbleibenden Lagerbestände auf die Hilfe für diese beiden Länder zu konzentrieren.« Das bedeutete das Ende der humanitären Hilfe für die Flüchtlingslager und Vertriebene des südlichen Kaukasus.

Warte! Du hast mir doch erzählt, die Exekutivdirektorin des Welternährungsprogramms sei eine Amerikanerin. Die Amerikaner sind sehr reich. Warum kaufen sie nicht einfach ein bisschen mehr Lebensmittel auf dem Weltmarkt, damit man sowohl die Hilfsbedürftigen im Kaukasus wie die vom Hungertod bedrohten Völker in Somalia und im Sudan damit ernähren kann?

Gute Frage. Aber selbst wenn man annimmt, dass die Geberländer und vor allem die Vereinigten Staaten, Frankreich und Deutschland bereit oder auch nur in der Lage wären, in ihren Haushaltsplänen zusätzliche Kredite für das Welternährungsprogramm aufzubringen, wäre das Problem noch nicht gelöst, denn je nach Erntesaison sind die Nahrungsmittel nur in begrenzter Menge auf dem Weltmarkt verfügbar.

10

Warum sind auf dem Weltmarkt nicht genügend Nahrungsmittel vorhanden?

Weißt du zum Beispiel, dass ein Viertel der gesamten Getreideernte der Welt jedes Jahr als Futter für die Rinderherden der reichen Länder verwendet wird? Bei uns fordern Herz-Kreislauf-Erkrankungen auf Grund von Überernährung Jahr um Jahr mehr Todesopfer. Und gleichzeitig sterben überall auf der Welt Menschen an Unterernährung.

Das verstehe ich nicht: In Choulex, in unserem Dorf, weiden die Tiere, auch die Kälber und Rinder, die geschlachtet werden sollen, auf den Wiesen. Und im Sommer sind sie auf den Bergweiden des Jura.

Weil bei uns in der Republik Genf noch Landwirtschaft nach traditionellen Methoden betrieben wird. In den Vereinigten Staaten dagegen sieht das ganz anders aus. Die Rinder werden nach einer wissenschaftlich fundierten

Methode regelrecht gemästet. Sie nehmen jedes Jahr etwa 500000 Tonnen Getreide aller Art zu sich. Im Mittleren Westen und in Kalifornien werden die Rinder in riesigen klimatisierten Hallen, die man *feed-lots* nennt, mit Hilfe eines elektronischen Verteilungssystems in regelmäßigen Abständen mit Getreide gefüttert. Die Tiere können sich nicht bewegen. Sie stehen bewegungslos in Reih und Glied. Eine einzige dieser Mastanlagen kann mehr als 10000 Tiere aufnehmen.

Der Agronom René Dumont hat dazu folgende Rechnung aufgestellt: In der Hälfte der kalifornischen *feed-lots* wird alljährlich mehr Mais verbraucht, als ein Land wie Sambia, wo Mais ein Grundnahrungsmittel darstellt und chronische Unterernährung herrscht, zur Deckung seines Gesamtbedarfs benötigt.

Auf dem Weltmarkt steht also nicht genügend Getreide zur Verfügung, und deshalb kann das WFP seine Nahrungsmittelvorräte nicht aufstocken?

Das ist nur die halbe Wahrheit. Das andere Problem ist der häufig künstlich aufgeblähte Kaufpreis dieser Vorräte. Weißt du, dass der Preis fast aller natürlichen Lebensmittel, die auf dem freien Weltmarkt gehandelt werden, durch Spekulationen beeinflusst wird? In der amerikanischen Stadt Chicago erhebt sich an den Ufern des Michigan-Sees ein imponierendes Gebäude: der Chicago Commodity Stock Exchange, die Börse für landwirtschaftliche Grundnahrungsmittel. Eine Hand voll Bankiers herrscht über diese Börse. Der Handel im eigentlichen Sinn liegt in der Hand einiger weniger *grain-merchants*, wie die alte Bezeichnung lautet – einiger Kornhändler. Es sind sehr wenige, aber sie sind ungeheuer mächtig. Sie verfügen über Einkaufs- und Verkaufsniederlassungen auf der ganzen Welt. Ihre Privatflotten durchqueren die Weltmeere. Sie heißen André S.A. Lausanne, Continental Grain, Dreyfus Compagnie, Cargill International und so weiter. Thomas Sankara sagte über sie: »Sie sind Raubtiere mit weißem Kragen.«

Du kannst den Wirtschaftsteil einer jeden Tageszeitung aufschlagen, zum Beispiel die vorletzte Seite der *International Herald Tribune*, und du wirst dort an jedem Börsentag die Kauf- und Verkaufspreise für die verschiedenen Sorten Soja, Mais, Hirse, Hafer, Weizen, Reis, Gerste, Maniok, Bohnen, Süßkartoffeln und so weiter finden.

11

Wie entstehen diese Preise?

Sie unterliegen dem erbarmungslosen Gesetz von Angebot und Nachfrage, aber auch den Manipulationen der großen multinationalen Getreidehändler und ihrer Banker durch Dumpingstrategien oder umgekehrt durch ein Zurückhalten der Ware vom Markt. Ein Dumping-Effekt tritt auf, wenn die Spekulanten plötzlich große Mengen Getreide auf den Markt werfen, sodass die Preise zusammenbrechen. Umgekehrt bewirken sie durch ein Horten der Bestände eine künstliche Verknappung, die die Preise steigen lässt. Die Spekulanten halten dabei große Mengen von Lebensmittelprodukten in ihren Silos zurück. Diese Preise gehorchen nur einem einzigen Prinzip: dem der Profitmaximierung. Und die Herrscher über die Börse von Chicago scheren sich nicht im Geringsten darum, ob die Regierungen des Tschad, Äthiopiens oder Haitis diese oft unerschwinglichen Preise bezahlen können. Was sie wollen, ist jede Woche ein paar Millionen Dollar mehr verdienen. Die Agonie der Hungernden? Aber mein Herr, dafür gibt es doch die Vereinten Nationen, das Rote Kreuz ...

Du siehst also: Das eine sind die Ernteerträge. Das andere ist der Kaufpreis für Lebensmittel, den die Spekulanten an der Börse von Chicago den Einkäufern der UNO, des WFP, der karitativen Organisationen oder den Regierungen von Ländern mit permanentem Nahrungsmitteldefizit, diktieren.

Ich verstehe immer noch nicht ganz, wie dieser Markt funktioniert.

Die Preisentwicklung für Lebensmittel auf dem Weltmarkt beruht auf höchst komplizierten Mechanismen. Susan George, Joachim von Braun und andere kompetente Wissenschaftler versuchen sie zu durchschauen. Die Hauptrolle dabei spielen der Ernteertrag, die Transportmöglichkeiten, die Spekulationsmachenschaften der Geldanleger sowie die Nachfrage auf dem Weltmarkt. Joachim von Braun untersuchte speziell das verrückte Jahr 1996. Anfang dieses Jahres kam es plötzlich zu einer Getreideknappheit. Die Bestände in den Silos deckten den weltweiten Bedarf noch für 53 Tage, während in den vorhergehenden Jahren im Durchschnitt der Bedarf für 80 Tage gedeckt war. Das schlug sich sofort auf die Preise nieder.

Kannst du dir die Gesichter der afrikanischen, asiatischen und südamerikanischen Regierungsemissäre vorstellen, die gezwungen waren, durch Käufe auf dem freien Markt den Mindestbedarf ihrer jeweiligen Völker zu decken? Und in welcher prekären Lage sich die Einkäufer des WFP und anderer internationaler Organisationen sahen, deren Aufgabe die Versorgung von Millionen Flüchtlingen und Vertriebenen auf der ganzen Welt ist?

12

Das verstehe ich nicht. Im Fernsehen sehe ich, dass die Bauern in Brüssel und anderen europäischen Städten gegen den Verfall ihres Einkommens und die landwirtschaftliche Überproduktion demonstrieren. Was machen die reichen Länder denn mit all den Lebensmitteln, die sich in ihren Lagern und Silos ansammeln?

Die reichen Länder sind andauernd gezwungen, massenweise Lebensmittel zu vernichten oder ihre Produktion durch Gesetze und restriktive Maßnahmen drastisch einzuschränken, um den Herstellern einen Mindestpreis garantieren zu können. Nimm nur einmal unsere Nachbarn in Choulex als Beispiel! Honoré Geinoz und sein Sohn Roger sind Viehzüchter, die ihresgleichen suchen und in der ganzen Gegend berühmt sind. Ihre schwarzweiß geflecken Greyerzer Kühe mit den ebenmäßigen Hörnern und geradem Rücken zählen zu den schönsten des Kantons. Und trotzdem muss Honoré Geinoz zähneknirschend seine Milchproduktion einschränken. Das Gesetz zwingt ihn dazu. Der Staat billigt ihm nur ein bestimmtes Kontingent zu. Wenn er ein paar Liter zu viel produziert, wird er bestraft und muss eine saftige Buße zahlen. Und den Viehzüchtern in Frankreich, Italien, Deutschland ergeht es ganz genauso.

Ich habe gehört, dass tausende von gesunden Kühen geschlachtet werden sollen.

Das hat mit der fürchterlichen Creutzfeldt-Jakob-Krankheit zu tun. Die Entscheidung der Bundesregierung, 400 000 kerngesunde Rinder zum Zwecke der Preisstützung zu schlachten und anschließend zu verbrennen, offenbart die Absurdität nicht nur der deutschen und europäischen Landwirtschaftspolitik, sondern der Welternährungspolitik überhaupt. Die EU-Landwirtschaftsminister planen die Massenabschlachtung von EU-weit mindestens zwei Millionen gesunden Tieren.

Der EU-Landwirtschaftskommissar ist ein hoch kompetenter, bärtiger und lebensfroher Agraringenieur aus Tirol namens Franz Fischler. Er kennt den Markt und auch die Psychologie der Bauern wie kein anderer. Seine Zahlen, auf die sich auch die Bundesregierung stützt, beruhen auf äußerst vorsichtigen Schätzungen. Sie sind dennoch alarmierend: Ausgehend von einem Rückgang der Nachfrage von durchschnittlich zehn bis zwölf Prozent, kommt Fischler auf einen Fleischüberschuss von 800 000 bis einer Million Tonnen für Ende des Jahres 2001. Andere Experten reden sogar von einem Konsumrückgang um 27 Prozent.

Tatsache ist, dass die BSE-Krise zu einer panischen,

aber verständlichen Angst der Konsumenten vor der Creutzfeldt-Jakob-Erkrankung geführt hat und damit europaweit einen masssiven Konsum-Einbruch (und zusätzlich auch Exportbeschränkungen) zur Folge hatte. Seitdem wächst am Horizont ein Himalaja von unverkäuflichem Rindfleisch.

Die Konsequenz: Europa vernichtet seine Nahrung. Gleichzeitig verhungern auf der Südhälfte unseres Planeten Kinder, Frauen und Männer.

Warum schickt Fischler die überschüssigen Nahrungsmittel dann nicht einfach den hungernden Kindern in Afrika und Brasilien?

Die EU gehorcht ihrer eigenen Logik. Sie will ihre Bauern sanieren und muss daher die Agrarpreise künstlich hoch halten. Hungerhilfe ist die Aufgabe der FAO und des WFP: aber auch die helfen nur bei Hungersnöten. Gegen den »strukturellen Hunger«, die permanente schwere Unterernährung, an der über 800 Millionen Menschen verzweifeln, tun sie nichts. Betreffend die Preisbildung, die Produktion und Verteilung der Nahrungsmittel auf der Welt haben FAO und WFP überhaupt keine Kompetenz. Macht hat nur der Markt. Und der ist mörderisch.

13

Warum wird in der Schule nie über den Hunger gesprochen? Über die Männer, die dahinter stecken? Über die Börsenspekulation, die die Preise künstlich hochtreibt und es so vielen Armen unmöglich macht, Lebensmittel in ausreichender Menge und Qualität zu kaufen?

Das ist mir auch ein Rätsel. Viele Lehrer und Lehrerinnen sind aufgeschlossene, engagierte Menschen, die der Überlebenskampf der Völker in der Dritten Welt nicht gleichgültig lässt. Viele von ihnen rütteln die Schüler auf, wenn eine Hungersnot droht und zu öffentlichen Spenden aufgerufen wird. Und dennoch kenne ich keine Schule, in der der Hunger – der täglich mehr Menschenleben fordert als alle Kriege auf dem Planeten zusammen – auf dem Stundenplan steht. Ich kenne keinen Lehrplan, in dem der Hunger analysiert wird und in dem darüber diskutiert wird, wo seine Wurzeln liegen und mit welchen Mitteln man ihn ausrotten könnte.

Dabei lassen die Aussagen der internationalen Experten an Klarheit nichts zu wünschen übrig. Hör dir beispielsweise diesen Satz aus dem Abschlussbericht der FAO 1998 an: »Recent trends give no room for complacency as progress in some regions have been more than offset by a deterioration in others.« Was so viel bedeutet wie: Die Siege, die an einer Front errungen wurden, werden sogleich durch Niederlagen an anderen Fronten zunichte gemacht.

Hehre Gefühle bringen uns nicht weiter. Sie sind allenfalls ein Luxus für die Kinder der Reichen. Die Geißel des Hungers schlägt auf tausend Arten zu. Ihr Auftauchen, ihre verheerenden Folgen erfordern detaillierte und genaue Analysen. Die Schule indes bleibt stumm. Sie tut ihre Arbeit nicht. Wenn die Jugendlichen die Schule verlassen, sind sie zwar oft von Idealen und einer vagen Vorstellung von Solidarität erfüllt, aber es mangelt ihnen an einem fundierten Wissen und einem klaren Bewusstsein über die tatsächlichen Ursachen und katastrophalen Folgen des Hungers.

Man könnte fast glauben, der Hunger wäre ein Tabu?

Das ist das richtige Wort. Ein Tabu, das schon sehr lange besteht. Bereits 1952 widmete der Brasilianer Josué de Castro diesem »Tabu des Hungers« ein ganzes Kapitel seines berühmten Buches *Géopolitique de la faim*, das bei Editions du Seuil erschien. Seine Erklärung dafür ist interessant: Die Menschen schämen sich so sehr ihres Wissens über den Skandal des Hungers, dass sie einen Mantel des Schweigens darüber breiten. Und diese Scham beherrscht heute noch die Schule, die Regierungen und die Mehrheit unserer Mitmenschen.

Ist es denn schwierig, sich die Berichte der FAO zu beschaffen?

Nichts leichter als das! Die Kämpfer gegen den Hunger haben nur ein Verlangen: ihr Wissen mit anderen zu teilen. Es genügt, an folgende Adresse zu schreiben:

FAO, Viale delle Terme di Caracalla 1, Roma 00153, Italia / Tel.: 003906/57051 / Fax: 003906/57053152 / Website: http://www.fao.org.

Selbstverständlich besitzen auch die Beamten und Experten der FAO nicht die allein selig machende Wahrheit. Sie sind nicht allwissend. Noch sind sie frei von jeder niederen Regung. Zudem ist die FAO eine hochpolitische Organisation, was der hohen professionellen Kompetenz ihrer Mitarbeiter und Mitarbeiterinnen keinen Abbruch tut.

Die FAO wurde kaum sechs Monate nach der Gründungsversammlung der Vereinten Nationen, genauer gesagt im Oktober 1945, ins Leben gerufen. Heute gehören ihr zusätzlich zur Europäischen Union 174 Staaten an. Die FAO lebt von den Beiträgen ihrer Mitgliedsstaaten und insbesondere von denen der reichen Länder. 1999 leisteten die USA etwa ein Viertel der Zahlungen, Japan 18 Prozent, Frankreich und Deutschland etwas über 10 Prozent, Spanien und Kanada je 3 Prozent, die Schweiz, Australien und Brasilien je etwa 2 Prozent. Die Beamten der FAO sind in steter Versuchung, in all ihren Berichten – besonders in ihren berühmten »World Food Surveys« – die Realität etwas zu beschönigen und einen gewissen Optimismus zu verbreiten.

Warum?

Die großen Geberländer sind Demokratien. Die öffentliche Meinung spielt dort eine entscheidende Rolle. Der FAO bleibt gar nichts anderes übrig, als die Zukunftsperspektiven zu beschönigen. Täte sie das nicht, so wären die reichen Länder nicht bereit, diese beträchtlichen Summen nach Rom zu überweisen, da sie dann als nutzlose Investitionen betrachtet würden. Es handelt sich also um eine Notlüge.

Was schreiben diese Leute in Rom denn genau?

Sie würzen ihre Abschlussberichte in regelmäßigen Abständen mit Beschwörungsformeln. Ich will dir einige Beispiele nennen: Der »Survey« von 1974 endet mit dieser kategorischen Behauptung: »In zehn Jahren wird kein Mann, keine Frau und kein Kind auf dieser Erde mehr mit leerem Bauch schlafen gehen.« Und der »World Food Summit« von 1996 in Rom endete mit folgenden Worten: »Bis 2015 werden alle erforderlichen Maßnahmen ergriffen werden, damit die Anzahl der Hungernden auf der Welt um die Hälfte zurückgeht.« Doch die Vorhersage von 1974 hat sich in ihr Gegenteil verkehrt: Die Zahl der Hungernden ist gestiegen. Und es besteht die Gefahr, dass sich die Vorhersage von 1996 als ebenso falsch erweist.

14

Aber Naturkatastrophen, die Korruption mancher Regierungen vor allem in der Dritten Welt und die Börsenspekulation im Westen sind doch nicht die einzigen Ursachen für den Hunger und die Unterernährung so vieler Familien?

Nein, es gibt auch noch den Krieg, diese schreckliche Geißel, die vor allem unter den Völkern Afrikas wütet. Im Jahr 2000 leben in Afrika kaum 15 Prozent der Weltbevölkerung, aber mehr als 25 Prozent der Hungernden auf der Welt.

Warum finden diese Kriege statt?

Dafür gibt es viele komplizierte Gründe: Rassenhass, der Wunsch, die einheimischen Bodenschätze wie Diamantenfelder, Goldadern oder Erdölvorkommen unter die eigene Kontrolle zu bringen ... Oft bewaffnen ausländische Mächte – Finanzgruppen, multinationale Gesellschaften usw. – heimlich die lokalen Kriegsherren und ihre Vasallen, die dann zu regelrechten Söldnern werden.

Sieh dir nur an, was heute im Südsudan, in Liberia, in Kinshasa, in Brazzaville, in Angola, im Tschad, in Burundi und Sierra Leone geschieht! Kriege, endlose, grauenhafte Kriege suchen diese Länder heim. Die Hälfte der 25 Millionen politischer Flüchtlinge auf der Welt, die nur dank externer Lebensmittelhilfe überleben können, lebt in Lagern in Afrika. Noch eine andere Zahl mag das veranschaulichen, die der Vertriebenen, zu unterscheiden von politischen Flüchtlingen. Es handelt sich um Menschen, die infolge eines Krieges alles verloren haben. Sie mussten ihre Behausungen verlassen, ihre Felder, ihre Herden, alles hinter sich lassen. Sie haben dabei jedoch keine Staatsgrenze überschritten. Ihre Zahl beträgt weltweit etwas über 30 Millionen. Doch die Hälfte davon vegetiert in den Ländern Afrikas dahin. Zwischen 1970 und 1999 fanden in Afrika 43 Kriege statt, die immer schreckliche Folgen für die Ernährung der Menschen hatten.

Diese Kriege sind absurd!

Du sagst es. Manche dieser afrikanischen Kriege übersteigen alles an Grauen, was du dir vorstellen kannst. Ein Beispiel: Sierra Leone. Ungefähr fünf Millionen Menschen bewohnen die Wälder, Lagunen und Savannen dieses westafrikanischen Staates. Sie führen zumeist ein bescheidenes Leben und pflanzen Reis, Gemüse und Erdnüsse an. Sie sichern ihren Lebensunterhalt durch Handarbeit.

1997 stürzte eine Militärjunta in der Hauptstadt Freetown den demokratisch gewählten Präsidenten Ahmad

Tejan Kabbah. Die Rebellen wurden angeführt von einem Verrückten, einem ehemaligen Armeekorporal namens Foday Sankoh, der eine konfuse Ideologie predigt, in der sich ein integristischer Evangelismus mit Brocken von Panafrikanismus und Maoismus vermischen. Die Nachbarländer Sierra Leones folgten schließlich dem Hilferuf der abgesetzten Regierung. Nigerianische Truppen stellten die Ordnung wieder her. Bei den anschließenden Neuwahlen wurde die demokratische Regierung wieder eingesetzt. Daraufhin fielen die Gefolgsleute Sankohs – die sich in der Revolutionary United Front zusammengeschlossen hatten – über das Land her. Heute greifen sie die Dorfbewohner an, treiben sie auf dem Dorfplatz zusammen und hacken ihnen Arme und Hände ab. Ihre Begründung: »Ihr habt Tejan Kabbah gewollt, ihr habt uns davongejagt, jetzt zahlt ihr die Zeche dafür.«

Diese Bauern erleben ein Martyrium!

Bestimmt. Vor allem wird ein großer Teil von ihnen in absehbarer Zeit verhungern. Wie willst du ohne Hände, mit Stümpfen dein Feld bestellen?

Kann man denn diese Kriege nicht beenden?

Wer wäre dazu im Stande? Eine multinationale Truppe, die durch ihre Intervention den Krieg beenden würde? Wie 1990 in Kuwait zum Beispiel? Wahrscheinlich. Nur: Kuwait und sein Erdöl sind für die Wirtschaft der großen westlichen Staaten von zentraler Bedeutung. Die Kriege in Afrika hingegen finden meistens in Regionen statt, die für die Herren unseres Planeten nur eine sehr geringe Bedeutung haben.

Der Krieg ist im Übrigen nicht nur eine der Hauptursachen von Hungersnöten. Er erschwert häufig auch den Transport und die Verteilung der internationalen Lebensmittelhilfe oder verhindert sie sogar ganz. Am 28. Dezember 1998 setzte die portugiesische Presseagentur LUSA beispielsweise eine Meldung über folgendes Unglück ab, die von Associated Press weiterverbreitet wurde: Ein Flugzeug der Vereinten Nationen, eine C-130 mit 14 internationalen Experten und Beamten an Bord, startete vom Flughafen Huambo im Südwesten Angolas. Seit mehr als 23 Jahren liefert sich dort die Regierungsarmee Gefechte mit der UNITA, einer auf Stammeszugehörigkeit basierenden, bewaffneten Rebellenbewegung. Die Maschine nimmt Kurs auf die Hauptstadt Luanda. Vierzig Kilometer davor wird das Flugzeug in der Nähe von Vila Nova von den Kanonen der UNITA abgeschossen. Alle Insassen kommen dabei ums Leben. Dabei hängt das Überleben von mehr als 400 000 durch den Krieg heimatlos gewordenen Angolanern von den täglichen Lebensmittelrationen der Vereinten Nationen ab. Diese Vertriebenen halten sich größtenteils in unzugänglichen Regionen auf, in die man nur mit Frachtflugzeugen vorstoßen kann. Die Straßen sind nicht sicher. Nun sind aber die Frachtflugzeuge vom Typ C-130 langsam, schwerfällig und schwierig zu manövrieren. Sie sind eine leichte Beute für Verbrecher, selbst für solche, die nicht mit besonders raffinierten Waffen ausgerüstet sind.

Du hast mir aber doch erzählt, dass die Vereinten Nationen und die anderen internationalen Hilfsorganisationen großen Mut beweisen und sich bemühen, selbst in extremen Situationen und in Kriegsgebieten Hilfslieferungen zu organisieren.

Das stimmt. Und damit stehen wir vor einem neuen Problem, das schier unlösbar scheint.

Was für ein Problem?

Vielleicht hast du in der Zeitung schon diese Anschuldigungen gelesen, die manche gegen Hilfsorganisationen erheben? Sie werfen ihnen nicht mehr und nicht weniger vor, als dass sie die Kriege nur verlängern und die Mörder satt machen.

Ich verstehe wirklich nicht, wie man solche Dummheiten schreiben kann.

Diese Dummheiten, wie du sie nennst, sind allerdings nicht ganz unbegründet. Nehmen wir ein Beispiel: Von April bis Juni 1994 haben in Ruanda die Milizen und Streitkräfte des Militärdiktators General Habyarimana, der vom französischen Präsidenten Mitterrand unterstützt wurde, fast eine Million ihrer Landsleute abgeschlachtet, mit Macheten zerstückelt, erschossen oder in Kirchen verbrannt: Männer, Frauen und Kinder, die zum Stamm der Tutsi gehörten, aber auch Gegner des Regimes und ihre Familien, die Hutu waren. Im Juli marschierte dann die Befreiungsarmee der Tutsi in Kigali ein. Daraufhin schuf Frankreich im Westen des Landes, nahe der Grenze zum Kongo, die »Zone Turquoise«, ein von französischen Soldaten gesichertes Sperrgebiet. Die Milizen und Soldaten des gestürzten Regimes sammelten sich in diesem Gebiet und überquerten dann – zusammen mit Hunderttausenden ihrer Stammesangehörigen – die Grenze. Im Kongo entstanden riesige Flüchtlingslager, in Bukawu, Goma, am Westufer des Kiwu-Sees und in der Ebene von Ruzzizi.

Schließlich befanden sich beinahe zwei Millionen Menschen auf kongolesischem Gebiet. Und zwar in erbärmlichster Verfassung, wie du dir vorstellen kannst. Das Hochkommissariat für Flüchtlinge der Vereinten Nationen übernahm die Versorgung dieser Elendsgestalten, wie es nach internationalem Recht seine Pflicht ist. Es richtete Krankenstationen, Latrinen und Zelte ein und schaffte aus Kenia täglich Tausende und Abertausende Tonnen Lebensmittel herbei. Unterdessen gelang es Anhängern des Militärdiktators in diesen von der Cholera heimgesuchten Lagern, die Streitkräfte und Strukturen des alten Regimes neu zu etablieren, sodass die Nahrungshilfe des Hochkommissariats letztlich den Massenmördern zugute kam – gestürzten Bürgermeistern und ehemaligen Offizieren. Da die Mörder die Hilfslieferungen kontrollierten, hatten sie die Flüchtlinge in ihrer Gewalt. So wurden die Lager schnell zu Stützpunkten für nächtliche Überfälle, Strafexpeditionen und Racheakte der Völkermörder gegen das befreite Ruanda.

Es gibt zahlreiche Beispiele für ein solches Dilemma: Über Jahre hinweg garantierten die karitativen Organisationen das Überleben der Roten Khmer, das heißt einiger zehntausend der schlimmsten Mörder, die die Menschheit je erlebt hat, auf thailändischem Boden.

Heute kämpft die internationale Gemeinschaft gegen den Hunger in Nordkorea. Zugleich herrscht in Pjöngjang eines der schlimmsten Regimes der Welt. Von 1995 bis heute sind mehr als zwei Millionen Menschen – die Mehrheit von ihnen Kinder – dort verhungert. Millionen andere erlitten unheilbare Schädigungen auf Grund chronischer Unterernährung. Seit mehr als vier Jahren leidet das Land unter drei Plagen: Die vormals blühende Landwirtschaft – Reisfelder, Zitrusfrüchteplantagen, Viehzucht etc. – wurde durch die Zwangskollektivierung des Landes und der Produktionsmittel ruiniert. 1995 zerstörten sintflutartige Regenfälle einen großen Teil der Reisfelder und ihres ausgeklügelten Bewässerungssystems. 1997 und 1998 versetzten schließlich zwei aufeinander folgende Dürreperioden der Lebensmittelproduktion den Todesstoß. Hinzu kommt, dass eine Einheitspartei, die Partei der Arbeit, und eine korrupte Nomenklatura seit Jahren eine Kriegsparanoia schüren. Die Überbewaffnung der so genannten »Volksarmee« und das Programm zur Entwicklung von Nuklearwaffen verschlingen alljährlich enorme Summen. Diese werden aus der Fronarbeit einer Bauernschaft gezogen, die praktisch auf Sklavenstatus reduziert wurde.

Am Sitz der internationalen Organisationen in New York oder Genf gibt jeder bereitwillig zu, dass die nordkoreanische Armee und Geheimpolizei Monat für Monat zwischen einem Drittel und der Hälfte der für die Hungernden bestimmten Lieferungen an Medikamenten, Vitaminen und Spezialproteinen abzweigt. Die Herren des Regimes lassen es sich in ihren Palästen wohl ergehen. Auf dem Land und in den städtischen Waisenhäusern aber liegen Kinder im Sterben.

Findest du das richtig?

Was? Die Hilfslieferungen oder den Diebstahl der Hilfslieferungen?

Die Fortsetzung der Hilfslieferungen.

Ich billige die Strategie der Hilfsorganisationen. Sie handeln unter extremen Bedingungen und haben mit scheinbar unüberwindlichen Widersprüchen zu kämpfen. Aber kein Preis ist zu hoch für das Leben eines Kindes. Wenn auch nur ein einziges Kind überlebt, wiegt das jeden Diebstahl auf.

15

Ich habe schon oft den Ausdruck »Hunger als Waffe« gehört. Was versteht man darunter?

Dahinter verbirgt sich einer der grausamsten Aspekte des Problems, über das wir hier zusammen sprechen. Manche Regimes setzen bewusst Nahrungsmittelentzug als Waffe gegen die ein, die sie unter ihre Knute zwingen wollen.

Sie erpressen sie?

Schlimmer noch! Immer häufiger setzen die Verbrecher, die sich auf unserer Erde herumtreiben und in deren Händen oft genug die Staatsgewalt liegt, den Hunger als Waffe ein: So wurde die Stadt Sarajewo beispielsweise, abgesehen von einem Tunnel unter dem Flughafen, von 1992 bis 1995 fast hermetisch von serbischen Soldaten abgeriegelt.

Der serbische Präsident Milosevic und seine Komplizen Karadzic und Mladic benutzten die Blockade der Lebensmittelversorgung für ihren Versuch, die mutige Bevölkerung der Stadt in die Knie zu zwingen.

Im Oktober 1996 umzingelten die Truppen von Charles Taylor – einem grauenhaften Schlächter, der heute als »gewählter« Präsident über das Land regiert – während des Bürgerkriegs in Liberia, einem Land in Westafrika, bei Tubmanburg Tausende von Rebellenfamilien und ließen sie verhungern.

Letztes Beispiel: Ich habe dir schon vom Sudan erzählt. Hasan Tourabi, der Führer des islamistischen Regimes von Khartoum, lässt immer wieder auf die Flugzeuge der Hilfsorganisationen schießen, die versuchen, mit ihren Nahrungsmittel- und Medikamentenlieferungen in den isolierten Regionen des Südens und im Dofar zu landen, wohin Hunderttausende von Bauern und Hirten mit ihren Familien geflohen sind, die den Bürgerkrieg fürs erste überlebt haben.

Milosevic, Tourabi und Taylor sind Halunken!

Natürlich. Nur: Sie sind nicht die einzigen, die den Hunger als Waffe benutzen, um ihre Politik durchzusetzen. Auch die Vereinigten Staaten von Amerika tun es.

Wie meinst du das?

Der Präsident in Washington greift auf harmlosere Formen des Zwangs zurück. Zum Beispiel gegenüber Ägypten. Die Menschen in deiner zweiten Heimat essen vor allem Weizen oder Hirsekuchen. Nun stammt aber jeder sechste Kuchen, den die Ägypter verzehren, aus dem so genannten »PL-480-Programm«. So heisst das Programm zu Gunsten bedürftiger Länder, mit dem die Regierung in Washington den amerikanischen Farmern ihre überschüssigen Produkte abkauft und dann exportiert.

Durch »PL-480« wird Mubaraks Regierung am Gängelband der Amerikaner gehalten. Die Vereinigten Staaten diktieren ihm täglich ihr Gesetz. Mubarak ist nichts als eine – nicht einmal besonders sympathische – Marionette in den Händen der Amerikaner. Er tanzt nach ihrer Pfeife im Nahen Osten. Denn Mubarak hat nur die Wahl zwischen zwei Übeln: Er kann sich in die Rolle eines Söldners der Amerikaner fügen oder sich von einem einheimischen Hungeraufstand davonjagen lassen.

Du hast von einer harmlosen Art der Erpressung gesprochen, die die Amerikaner einsetzen. Aber benutzen sie auch gewaltsamere Erpressungsmethoden?

Unglücklicherweise ja. Nimm beispielsweise den Irak: Während der Operation »Wüstensturm«, durch die Saddam Hussein aus Kuwait vertrieben wurde, rückten die Panzer General Schwarzkopfs bis auf hundert Kilometer vor Bagdad vor. Dort aber machten sie kehrt. Präsident Bush wollte Saddam Hussein kein Haar krümmen, aus Angst, er könnte dadurch einem schiitischen Regime im Irak an die Macht verhelfen. Denn die Mehrheit der irakischen Araber sind tatsächlich Schiiten, die dem Iran nahe stehen, also Washingtons Hauptfeind. Inzwischen wollen die Amerikaner Saddam aber loshaben. Seit mehr als zehn Jahren erhalten die Mitgliedsstaaten der Vereinten Nationen eine mörderische Wirtschaftsblockade gegen den Irak aufrecht, wobei sie sich auf eine widerrechtliche Erklärung des Sicherheitsrats berufen. Der Irak darf zwar eine begrenzte Menge Erdöl exportieren, um den Opfern seines Einmarsches in Kuwait Wiedergutmachung zu leisten. Und ein kleiner Teil des Gewinns aus diesem Erdölverkauf, der unter internationaler Kontrolle stattfindet, dient dem Import von Lebensmitteln und Medikamenten. Aber diese Importe sind vollkommen unzureichend. Angeblich soll die Blockade Saddam Hussein dazu zwingen, internationalen Inspektoren die Suche nach biologischen und nuklearen Massenvernichtungsmitteln zu ermöglichen. Tatsächlich aber hoffen die USA, dass das irakische Volk sich gegen den Diktator erheben und ihn stürzen wird, wenn sich seine Leiden ins Unerträgliche steigern.

Wäre das möglich?

Es ist unwahrscheinlich! Die verschiedenen Organisationen der Geheimpolizei Saddam Husseins sind schlimmer als Gestapo und KGB zusammen. Sie sind unglaublich grausam und unglücklicherweise auch äußerst effezient.

Leiden Saddam Hussein und seine Familie auch unter der Wirtschaftsblockade?

Sie leben wie die Maden im Speck! Der Clan der Takriti, der alle Machtpositionen besetzt hat, lebt im höchsten Luxus. Denis Halliday zufolge, dem Koordinator der humanitären Hilfe der Vereinten Nationen im Irak – ein großartiger Ire, der im Übrigen vor kurzem zurückgetreten ist –, sind seit 1994 jedes Jahr 60 000 irakische Kinder auf Grund von Unterernährung und fehlenden Medikamenten gestorben. Und die Lage verschlimmert sich ständig. Die UNICEF schätzt, dass durch die von den Amerikanern durchgesetzte Blockade heute pro Monat fünf- bis sechstausend Kinder unter fünf Jahren ums Leben kommen. Das sind täglich 200 Kinder, die an Unterernährung sterben. Am 18. Januar 1999 hielt Denis Halliday eine Pressekonferenz in Paris ab. Die Tageszeitung *Libération* zitiert ihn mit dieser Schlussfolgerung: »Im Irak machen sich die Vereinten Nationen des Völkermords schuldig.«

Saddam Hussein ist ein Diktator und Verbrecher. Er verdient es längst, gestürzt zu werden.

Leider aber ist er immer noch in Amt und Würden. Die Zeche bezahlen die Kinder.

16

Hunger als Waffe ist eine abscheuliche Erfindung. Man sollte allen Staaten auf der Welt verbieten, sie zu gebrauchen!

Gewiss, aber das würde nicht ausreichen. Denn es sind nicht nur Staaten, die diese Waffe ergreifen, sondern auch bestimmte multinationale Gesellschaften.

Welche?

Ich will mich auf ein Beispiel beschränken, das traurige Berühmtheit erlangt hat: Nestlé, den zweitgrößten Lebensmittelproduzenten der Welt. Am 1. Januar 1970 veröffentlichte ein Bündnis linker Parteien und Gewerkschaften, die so genannte »Volksfront«, in Chile ein Aktionsprogramm mit 101 Punkten. In einem der ersten Punkte wurde – für den Fall des Siegs ihres Kandidaten bei den Präsidentschaftswahlen – die kostenlose Verteilung eines halben Liters Milch pro Tag an alle Kinder unter 15 Jahren vorgesehen. Denn eines der drängendsten Probleme Chiles war die Unterernährung vieler Kinder.

Im September 1970 fanden schließlich die Wahlen statt. Salvador Allende, der Kandidat der Unidad Popular, erhielt 36,5 Prozent der Stimmen. Im November riefen ihn die beiden Kammern des chilenischen Parlaments zum Präsidenten aus.

Erzähl mir von Allende!

Allende war Kinderarzt und als solcher bestens mit den Folgen von Vitamin- und Proteinmangel und den Gesundheitsproblemen so vieler Jungen und Mädchen in seinem Land vertraut. Daher gehörte die kostenlose Verteilung von Milch auch zu den allerersten Maßnahmen, die er zu realisieren beschloss. Nun beherrschte jedoch damals die multinationale Gesellschaft Nestlé – die jährlich Dutzende von Millionen Dollar unter anderem durch den Verkauf von Milchpulver und Babynahrung verdient – nahezu uneingeschränkt den lokalen Milchmarkt. Nestlé verfügte über Fabriken und Alleinabnahmeverträge mit den Viehzüchtern, beherrschte die Vertriebskanäle und so weiter. Die Zusammenarbeit mit Nestlé war folglich unabdingbar. Zu deiner Information füge ich bei, dass Allende keineswegs das Instrument der Enteignung einsetzte. Er wollte von Nestlé die Milch zum Marktpreis kaufen.

Kam es denn dazu?

Nein. Bereits im Februar 1971 verweigerte die Generaldirektion von Nestlé in Vevey, in der Schweiz, jede

Zusammenarbeit mit der demokratisch gewählten Regierung Chiles.

Warum?

Weil Präsident Nixon und Henry Kissinger in Washington das soziale Reformprogramm der Allende-Regierung zutiefst verabscheuten. Denn mehrere von Präsident Allende ergriffene Maßnahmen, durch die er die Unabhängigkeit Chiles vom Ausland stärken und eine gewisse soziale Gerechtigkeit im Innern herbeiführen wollte, gingen mit einer Einschränkung der exorbitanten Privilegien einher, die die amerikanischen multinationalen Gesellschaften bisher genossen hatten. Kissinger beschloss, die chilenische Demokratie mit allen Mitteln zu bekämpfen: Er leistete der Ermordung von Generälen Vorschub, die Allende nahe standen und Freimaurer waren wie er, unterstützte Streikbewegungen der Transportunternehmen, förderte Sabotageakte in Bergwerken und Fabriken.

Wie viele andere multinationale Banken, Industrie- oder Handelsgesellschaften des Westens war auch Nestlé ein erbitterter Gegner der Reformpolitik von Präsident Allende.

Was geschah dann?

Die Verteilung eines halben Liters Milch täglich an die unterernährten Kinder erwies sich als undurchführbar. Die meisten der sozialen Reformen stießen auf ungeheure finanzielle Schwierigkeiten. Am 11. September 1973 organisierte schließlich der nordamerikanische CIA zusammen mit faschistischen Heeresoffizieren unter dem Oberkommando des Generals Augusto Pinochet einen Staatsstreich. Allende und seine Freunde leisteten mit der Waffe in der Hand im Präsidentenpalast, der Moneda, Widerstand. Um elf Uhr morgens sprach Allende zum letzten Mal im Radio zu seinem Volk. Um 14 Uhr 30 wurde er ermordet. Eine blutige Repression, die Tausenden von Studenten und Studentinnen, Priestern, Gewerkschaftern, Intellektuellen, Künstlern, Arbeitern und Arbeiterinnen das Leben kostete, brach über Chile herein. Und wie vor Allendes Wahl zum Präsidenten wurden Zehntausende von Kindern wieder Opfer von Unterernährung und Hunger.

17

Etwas Schlimmeres als die willentliche Verweigerung von Nahrung an Kinder gibt es nicht!

Täusch dich nicht, Karim! Es gibt noch Schlimmeres. Der Einsatz des Nahrungsmittelentzugs als Waffe des Staatsterrors. Ich will noch einmal auf Nordkorea zurückkommen, über das wir schon gesprochen haben.

Erzähl mir von Koreas Geschichte!

1910 hatte Japan die gesamte koreanische Halbinsel annektiert und dort ein blutiges Regime kolonialer Ausbeutung eingesetzt. Während des Zweiten Weltkriegs hatten sowohl die UdSSR wie auch die Vereinigten Staaten die antijapanische Widerstandsbewegung unterstützt. 1948 einigten sich die beiden Supermächte schließlich auf eine Teilung der Halbinsel: Die ehemaligen Guerilleros mit kommunistischer Ausrichtung ließen sich im Norden nieder, die prowestlichen Widerstandskämpfer nahmen den Süden in Besitz. Der Führer der Kommunisten des Nordens hieß Kim Il Sung. Dieser außerordentlich grausame Despot wurde dem Land von Stalins Geheimdiensten aufgezwungen. 120 500 Quadratkilometer – auf denen heute etwa 24 Millionen Menschen leben – wurden den Kommunisten zugeschlagen. Im Juni 1950 stieß die nordkoreanische Armee gegen Süden vor und versuchte, das Nachbarland zu erobern. Die Amerikaner kamen Südkorea zu Hilfe und landeten ein Expeditionskorps in Pusan. Der Krieg dauerte drei Jahre. Er kostete Hunderttausende Menschenleben und endete mit der Wiederherstellung der Demarkationslinie, die von den Vereinigten Staaten und der UdSSR zwischen beiden Staaten festgelegt worden war.

Was ist aus Kim Il Sung geworden?

Kim Il Sung starb im Jahr 1994. Nachfolger wurde sein Sohn Kim Yong Il, eine blasse Kopie seines orientalischen Despotenvaters. Er ist bis heute an der Macht.

Und was tun Kim Yong Il und seine Regierung?

Mitten in der Hungersnot lassen die Machthaber in Pjöngjang wissentlich Hunderttausende von Mitbürgern verhungern.

Wie denn?

Seit Generationen existieren in den Bergen im Norden und längs der Grenze zu China riesige Todeslager, deren Insassen an Hunger und Erschöpfung sterben. Doch die Kim-Dynastie begnügt sich nicht damit, seit 1948 all diejenigen zu deportieren, die sie für reale oder potenzielle »Gegner« hält oder die es in ihren Augen an wahrer Inbrunst in der Verehrung der Führer fehlen lassen. Die offizielle Doktrin lautet vielmehr folgendermaßen: Will man den Keim der Opposition ausrotten, so muss man mindestens drei aufeinander folgende Generationen vernichten. Das führt dazu, dass ein Mensch, der zur Verbannung auf Lebenszeit in eines dieser Lager verurteilt wird, mitsamt Eltern, Onkeln und Tanten, Brüdern und Schwestern und allen Kindern dorthin deportiert wird.

Die Vereinten Nationen schätzen, dass zur Zeit etwas über 200 000 Menschen im nordkoreanischen Gulag leben. Eine Flucht ist praktisch unmöglich. Spätestens nach ein paar Jahren kräftezehrender Arbeit in den Wäldern, Minen und Feldern rafft der Tod die Menschen dahin. Diese Auslöschung, auch der Kinder, wird nach allen Regeln der Wissenschaft organisiert. Eine Spezialeinheit von Gefangenenwächtern überwacht das langsame Sterben. Im Übrigen stellen Kim Il Sung – und nun sein Banditensohn – keine isolierten Ausnahmen dar. Hast du schon von Sékou Touré gehört?

Wer ist das?

Sékou Touré ist dieser junge Revolutionär, der 1958 von seinen Mitbürgern zum Staatsoberhaupt der Republik

Guinea gewählt wurde, einem wundervollen Land mit 250000 Quadratkilometern Wäldern, Stränden und Savanne in Westafrika, das von sieben Millionen Menschen bewohnt wird, welche zu den ältesten Kulturen der Welt gehören: den Malenke, den Peul und anderen.

Was wirfst du ihm vor?

Sékou Touré hat eine langsame Wandlung vollzogen. Aus dem jungen Gewerkschafter und Revolutionär, der von seinem Volk und einem Großteil der europäischen Linken bewundert wurde, wurde unmerklich ein paranoider Tyrann. Er wurde immer selbstbezogener, größenwahnsinniger und machtbesessener und begann bald, nicht nur Individuen zu verfolgen, in denen er eine Gefahr für seine Autokratie sah, sondern ganze Ethnien wie zum Beispiel die Peul. Unglücklicherweise starb er erst 1984.

Was hat er konkret getan?

Seine Lieblingsmethode war die so genannte »schwarze Diät«. Er ließ in seinen Gefängnissen, insbesondere im Lager von Boiro in der Nähe von Conakry, Betonbunker aufstellen, die mit einer Eisentür versehen waren. Durch einen winzigen Spalt zwischen dem Betonboden der Zelle und der Tür drang etwas Luft nach innen. In diesen Bunkern ließ er Gefangene beiderlei Geschlechts und jeden Alters einsperren. Sie erhielten weder Nahrung noch Wasser und starben unter schrecklichen Qualen.

18

Um unsere Erde ist es wirklich schlimm bestellt!

Noch schlimmer, als du denkst. Nehmen wir nur das Beispiel der fortschreitenden Versteppung ehemals fruchtbarer Regionen.

Die jüngsten Zahlen dazu lauten folgendermaßen: Die Desertifikation oder Wüstenbildung betrifft heute 3,6 Milliarden Hektar, das heißt 70 Prozent des produktiven Potenzials der Böden in den trockenen Zonen. Dieser Prozess schreitet in so rasantem Tempo fort, dass jährlich beinahe sechs Millionen Hektar fruchtbares Land verloren gehen. Zwei Drittel des afrikanischen Kontinents bestehen aus Wüsten oder trockenen Zonen. 73 Prozent der Trockengebiete Afrikas sind bereits schwer oder mittelschwer geschädigt.

Nehmen wir Asien: Ungefähr 1,4 Milliarden Hektar sind dort von der Wüstenbildung betroffen, das heißt, 71 Prozent der trockenen Zonen des Kontinents sind mittelschwer oder schwer geschädigt. Am südlichen Mittelmeer sind bereits zwei Drittel der trockenen Zonen schwer geschädigt. Beinahe eine Milliarde Männer, Frauen und Kinder sind zu Beginn des 21. Jahrhunderts ständig von der Ausbreitung der Wüste bedroht. Hunderte von Millionen Menschen leiden unter einem chronischen Mangel an minimalen lebenswichtigen Gütern wie Nahrungsmittel und Wasser. Millionen von »Umweltflüchtlingen« sind gezwungen, ihre Heimat zu verlassen, um anderswo ein Auskommen zu finden.

Ist die Wüste denn so aggressiv?

In manchen Zonen des Sahel, am Südrand der Sahara, dehnt sich die Wüste bis zu zehn Kilometer im Jahr aus. Der Anbau in Tümpeln, der für das Überleben der Nomaden- und Halbnomadenvölker – der Tuareg und der Peul beispielsweise – von so zentraler Bedeutung ist, wird unmöglich. Dabei war die in der Regenzeit gepflanzte Gerste bis vor kurzem ein oft entscheidender Nahrungsbestandteil für diese Nomadenfamilien. Und was soll man erst über die Ziehbrunnen sagen, von denen das Überleben der Dörfer abhängt? Der Grundwasserspiegel im Norden Burkina Fasos, in Mali oder im Niger liegt heute oft mehr als fünfzehn Meter unter der Erdoberfläche.

Um in solche Tiefe zu bohren und einen dauerhaft funktionierenden Brunnen zu bauen, der wirklich Trinkwasser nach oben befördert, benötigt man technische Hilfsmittel, über die weder die Peul noch die Bambara noch die Mossi verfügen. Man muß dazu mit Maschinen bohren und anschließend die Wände des Brunnens befestigen, das heißt, sie betonieren. Schließlich gilt es eine starke Pumpe zu installieren, um das Wasser nach oben zu befördern. Das alles kostet viel Geld und setzt voraus, dass Zement und Maschinen importiert werden.

Manche europäische Länder – auch Deutschland – stellen Experten für solche Projekte zur Verfügung, die dann an Ort und Stelle die Arbeit der Dorfbewohner organisieren. Wie viele Dörfer aber sind sich selbst überlassen und stehen machtlos vor der Katastrophe?

Die Menschen im Sahel scheinen wirklich vom Glück verlassen zu sein.

Das ist noch nicht alles. Denk an die Abholzung der Wälder. Zum einen gibt es die Abholzung durch die Dorfbewohner. Die afrikanischen Landfrauen kochen im Herd oder auf offenem Feuer mit Holz. Sie verbrauchen jeden Tag enorme Mengen Brennstoff. Wenn sie die nähere Umgebung eines Dorfes abgeholzt haben, ziehen sie weitere Kreise, um kleine Bäume und Büsche zu schlagen und Wurzeln auszugraben. Am Ende hinterlassen sie einen Kahlschlag in der Savanne. Sehr selten nur findet man Dörfer, die die Mittel haben, um eine systematische Wiederaufforstung zu betreiben. Es sind aber eben die Bäume, die den Wüstenwind auffangen, und ihre Wurzeln, die der Erdkrume Halt geben.

19

Du hast gesagt, dass Naturkatastrophen wie Überschwemmungen, Dürreperioden und viele andere durch das Klima verursachte Plagen für den Hunger in zahlreichen Regionen Afrikas, Asiens und Amerikas verantwortlich sind.

Die Klimaforschung ist eine noch relativ junge und ungesicherte Wissenschaft. Wir wissen noch nicht genau, wie und warum Hurrikane entstehen. Wie man sie bekämpfen kann. Woher kommen die Dürreperioden? Warum treffen sie ein Land und ein anderes nicht? Wie kann man sie vorhersagen? Wie sie bekämpfen? Dennoch kennen wir inzwischen einige Ursachen für Klimakatastrophen. Zu den gravierendsten gehört die systematische und in großem Maßstab betriebene Zerstörung der letzten Urwälder der Erde: In Malaysia, im Kongo, in Gabun und in Amazonien werden Jahr für Jahr Zehntausende von Hektar abgebrannt, um Platz für riesige Plantagen zu schaffen, oder aber sie werden von skrupellosen Holzfirmen geschlagen, die das ökologische Gleichgewicht zerstören. Die Folgen für das Klima des Planeten sind katastrophal.

Nehmen wir das Amazonasgebiet, den größten Regenwald der Erde, als Beispiel. Das Amazonasbecken erstreckt sich auf beinahe 6 Millionen Quadratkilometern. Das Institut für die Erforschung des Amazonas mit Sitz in São Paulo überwacht es mit Satelliten, die regelmäßig das Vordringen der illegalen Rodungen dokumentieren. 1998 wurden 16 838 Quadratkilometer Regenwald am Amazonas vernichtet, das entspricht einem Gebiet von der Größe halb Belgiens. Jahr für Jahr schreitet die Zerstörung schneller voran. Die Zerstörungen im Jahr 1998 übertrafen die des Jahres 1997 um 27 Prozent. Das Institut nahm seine Überwachungstätigkeit im Jahr 1962 auf. Seitdem wurden mehr als 530 000 Quadratkilometer Urwald vernichtet. Vernichtet ist das treffende Wort: Sind die Bäume, Büsche und anderen Pflanzen des Urwalds erst einmal verbrannt, dann ist keine Wiederaufforstung mehr möglich. Das Amazonasbecken besitzt nur eine sehr dünne Humusschicht.

Wer ist für die Zerstörung des Amazonas verantwortlich?

Das Amazonas-Becken ist die grüne Lunge des Planeten. Es wird zum einen zerstört durch die Einwanderung der *Posseiros*, landloser Bauern und ihrer hungernden Familien, die vor der Dürre aus den Latifundien im Mato Grosso oder den Staaten im Nordosten fliehen. Diese *Posseiros* vernichten den Wald durch Brandrodung, um an seinen Rändern ihre armseligen Felder anzulegen. Dadurch verlieren die indianischen Ureinwohner immer schneller ihren natürlichen Lebensraum und ihre Existenzgrundlagen; sie sind physischen Angriffen ausgesetzt und sterben wie die Fliegen. Und mit ihnen verschwindet ein ganzes System der Pflege und der schonenden Nutzung des Regenwalds. Und dann gibt es noch die multinationalen Gesellschaften der Plantagenwirtschaft und Viehzucht. Sie führen mit ihren Trucks und ihren riesigen Maschinen Abholzungen im großen Maßstab durch. Diese Firmen praktizieren oft auf Hunderten von Quadratkilometern eine extensive Zucht von Zehntausenden von Rindern.

Was tut die Regierung in Brasilia?

Sie erläßt ununterbrochen neue Gesetze! Eines drakonischer als das andere: gegen Brandrodungen, gegen unerlaubtes Abholzen; Vorschriften über die kommerzielle Nutzung und den Transport des Holzes und so weiter. Nur leider wird praktisch keines dieser Gesetze befolgt. Unter den Beamten und Regierungen der nördlichen Bundesstaaten herrscht eine ungezügelte Korruption. Hinzu kommt, dass die Überwachung eines so riesigen Gebiets äußerst schwierig ist. Sie kann effektiv nur aus der Luft erfolgen. Allerdings sind große Teile des Himmels über dem Amazonas über Monate hinweg mit dichten weißen Wolken überzogen. Man schätzt, dass etwa 20 Prozent der Brandstiftungen von den Satelliten nie entdeckt werden.

Du sagst, der Regenwald am Amazonas ist die grüne Lunge der Erde... Können die anderen Länder denn nichts gegen die Vernichtung des Walds unternehmen?

Nein. Brasilien ist ein souveräner Staat und sperrt sich gegen sämtliche Interventionen – insbesondere von ausländischen Umweltschutz-Organisationen –, die es als »unzulässige Einmischung in seine inneren Angelegenheiten« betrachtet. Ein kleiner Fortschritt ist immerhin zu verzeichnen: 1998 haben die sieben größten Industriestaaten der Welt ein Programm verabschiedet, das Investitionen in Höhe von 250 Millionen Dollar zum Schutz des Regenwaldes am Amazonas vorsieht.

In anderen Ländern der Dritten Welt ist die Situation noch schlimmer. Nehmen wir zum Beispiel Chile: Die demokratische Regierung unter Präsident Allende hatte ein umfassendes Programm zum Schutz des Waldes in der Mitte und im Süden des Landes aufgelegt. Doch General Augusto Pinochet machte nach seinem Militärputsch all diese Maßnahmen rückgängig und verkaufte die Wälder zu einem Spottpreis an einige internationale Trusts, darunter die nordamerikanische Gesellschaft Minico und die Firma Terranova, die dem Schweizer Multimilliardär Stephan Schmidheiny gehört. Seitdem beuten die betreffenden Trusts gegen den Widerstand der Mapuche, der Ureinwohner dieser Region, den Wald gnadenlos aus und zerstören das gesamte riesige Ökosystem südlich des Flusses Bio-Bio.

20

Wie kann man dem Vordringen der Wüste und der Zerstörung des Klimas Einhalt gebieten?

Erinnerst du dich an den berühmten »Earth Summit« von 1992 in Rio de Janeiro, den »Umweltgipfel«, der von den Vereinten Nationen einberufen wurde, um eine Bestandsaufnahme der vordringlichen Gefahren zu machen, die den Fortbestand unseres Planeten bedrohen? Praktisch alle Staaten der Welt haben ihre Diplomaten und Experten dorthin entsandt. Und dieses Mal brachte eine weltweite Konferenz auch wirksame Beschlüsse zu Stande. Am Ende lagen präzise Aktionsprogramme vor, und für jede der ständigen Kommissionen wurde ein Exekutivsekretariat geschaffen. Diese Sekretariate haben ihren Sitz in Genf, Bonn, Nairobi und Montréal. Du hast bestimmt schon etwas über diese Organisationen gehört: das Sekretariat für Klimaschutz, das Sekretariat für die Erhaltung der Artenvielfalt, das Sekretariat für nachhaltige Entwicklung und vor allem das Sekretariat der Konvention gegen die Desertifikation.

Davon habe ich noch nie etwas gehört.

Ich will dir etwas über das Sekretariat der Konvention gegen die Desertifikation mit Sitz in Bonn erzählen, zu dessen Mitarbeitern auch ich gehöre. An seiner Spitze steht ein ganz außergewöhnlicher Mann: Hama Arba Diallo. Er ist ein Intellektueller aus dem Volk der Peul, dessen Familie noch heute in der Nähe von Dori im Norden Burkina Fasos lebt. Arba war einst ein enger Freund und Mitstreiter von Thomas Sankara, dem 1987 ermordeten Präsidenten von Burkina Faso. Innerhalb kurzer Zeit gelang es ihm, eine »Konvention« ins Leben zu rufen, die die Staaten des Südens und des Nordens zu gemeinsamen Aktionen vereint.

Die Länder, die am stärksten unter dem unerbittlichen Vordringen der Wüste und den Folgen eines rasanten Rückgangs der Fruchtbarkeit ihres Agrarbodens leiden, arbeiten mit Hilfe von Landwirtschaftsexperten, Hydrologen, Botanikern und Klimaforschern, die das Sekretariat entsendet, geeignete Gegenmaßnahmen aus. Diese Projekte werden dann von den Dorfbewohnern gemeinsam an Ort und Stelle in die Tat umgesetzt. Für die Finanzierung kommen die Staaten des Nordens auf.

Vom 30. November bis zum 11. Dezember 1998 haben sich die Vertreter der 190 Staaten, die die Konvention unterzeichnet haben, und Hunderte von Delegierten aus Nichtregierungsorganisationen in Dakar versammelt, um ein Fazit der bisherigen Maßnahmen zu ziehen – zum zweiten Mal seit Abschluss der Konvention. Die Bilanz fiel verheerend aus! Allen Anstrengungen zum Trotz sind die Wüsten der Welt weiter unaufhaltsam auf dem Vormarsch. Dieses Vordringen beraubt Millionen Menschen ihres Weide- oder Ackerlands und entzieht ihnen damit die Nahrungsgrundlage. Auf der Konferenz von Dakar wurde eine genaue Bestandsaufnahme aller sofort notwendigen Gegenmaßnahmen erhoben. Am Ende zählte man zusammen und errechnete die Summe, die erforderlich war, um diese Nothilfeprogramme zu finanzieren: Es waren 43 Milliarden Dollar.

Das ist viel Geld!

Das kann man wohl sagen! Die Konferenz fand im Hotel Méridien-Président im Internationalen Kongresszentrum statt, an der Westspitze der Halbinsel von Dakar. Beim Mittagessen kam ich neben Ian Johnson zu sitzen, dem Vizepräsidenten der Weltbank. Johnson ist ein britischer Wirtschaftsfachmann von Weltruf, ein hervorragender Pragmatiker und ein alter Fuchs in dieser Institution, in der er seit 23 Jahren tätig ist. Die Zahl 43 Milliarden Dollar, die für die Realisierung der Nothilfeprogramme erforderlich wären, hatte mich beeindruckt. Johnson war es gewesen, der auf der Vollversammlung die Berechnungen vorgelegt hatte.

Ich wollte noch einige zusätzliche Einzelheiten von ihm wissen und erfahren, wie er diesen Betrag errechnet hatte und welche Finanziers für diese riesige Summe in Frage kämen. Johnson hörte mich freundlich an. Am Ende sagte er zu mir: »Don't worry. Nobody has this kind of money.«

Aber was wird dann aus den Hunderttausenden von Familien, die auch im Jahr 2000 wieder vor der Wüste fliehen und ihr unfruchtbar gewordenes Land verlassen werden?

Nachdem die Vereinten Nationen nicht in der Lage sind, ihnen zu helfen, haben sie ihnen ansatzweise schon einmal einen Namen gegeben: Diese Menschen werden »Umweltflüchtlinge« genannt. Das Schlimme daran ist, dass diese Flüchtlinge vor der Wüste im Gegensatz zu den politischen Flüchtlingen, die dank der Internationalen Konvention von 1951 Organisationen, die sich um sie kümmern (zumindest theoretisch), und Rechte – das Asylrecht – haben, keinerlei rechtlichen Status besitzen. Sie sind im internationalen Recht nicht vorgesehen.

21

Wie bringen sie sich und ihre Familien durch?

Nun, sie laufen. Sie setzen sich in Bewegung und steuern die nächste Stadt an, begleitet von ihren halb verhungerten Kindern, ein paar Ziegen oder einem Esel, der überlebt hat. Die Frauen tragen die dürftigen Habseligkeiten der Familien. Die Männer machen den Weg frei, sie schlagen mit ihrem Stock auf den Boden, um die Schlangen zu verjagen. Nach Tagen oder manchmal auch Wochen kommen sie vollkommen erschöpft in der Stadt an.

Und was machen sie dort?

Ich will dir eine Geschichte erzählen, die ich während der Konferenz in Dakar erlebt habe. Jacques Bugnicourt, der legendäre Exekutivsekretär der ENDA (Environment, Development, Action), einer französisch-internationalen Nichtregierungsorganisation, lud mich ein, mit ihm zusammen eines der neuen Elendsviertel am Cap Vert zu besichtigen, in dem die Umweltflüchtlinge hausen.

Unser nächtlicher Besuch unter einem strahlend hellen Vollmond im Elendsviertel »Le Rail« dauerte bis zwei Uhr morgens. Jacques wurde überall herzlich wie ein alter Freund empfangen. Le Rail ist eines von über sechzig Elendsquartieren in der Region von Dakar, in denen sich die von der Wüste vertriebenen Bauern und ihre Familien nun zusammendrängen.

Die Hüttenansammlung unter verrosteten Wellblechdächern steht auf einem leichten Hang, nicht weit vom Flughafen entfernt. Der Hang ist ein Glücksfall: Er lässt das Wasser während der Regenzeit abfließen. Anderswo sammeln sich die Wassermassen und lösen Epidemien aus. Die Menschen bewohnen nur ein kleines Areal, kaum ein Hektar für mehr als tausend Bedürftige. Aber was für ein Frieden dort herrscht, wie viel Vertrauen jeder in den anderen setzt, und mit welcher Entschlossenheit sie alle gemeinsam für ein ungewisses Überleben kämpfen!

Wer sind diese Menschen?

Ich könnte dir stundenlang von ihnen erzählen! Diese Menschen sind das Salz der Erde. Die unterschiedlichsten Völker treffen dort aufeinander. Cerer-Familien kochen gemeinsam mit Wolof-Frauen, Diolla-Flüchtlinge teilen sich mit Bäuerinnen der Peul die Mühsal des Wasserholens. Muslime verschiedener Glaubensrichtungen leben friedlich zusammen. Christen und Muslime freunden sich an und feiern zusammen die Feste der verschiedenen Religionen. An den drei Seiten des Elendsviertels schieben die Villen korrupter Staatsfunktionäre ihre hohen, von Hunden und Bewaffneten bewachten Mauern bis zu den ersten Blechwänden vor.

Im Süden schließt sich ein unbebautes Grundstück an. Genauer gesagt, ein riesiges eingezäuntes Gelände, in dem sich ein unvollendeter Betonbau mit vier Stockwerken erhebt. Ich fragte Jacques: »Was ist das?« Seine kleinen Augen glitzerten vor Vergnügen. »Das ist ein verhextes Haus.« Angesichts meines verständnislosen Blicks fügte er hinzu: »Vor einiger Zeit ließ ein Spekulant mit dem Einverständnis der Verwaltung die Bulldozer anrücken. Er begann zu bauen. Aber dann versammelten sich die Alten von Le Rail. Sie warfen einen Zauber über ihn. Der Mann wurde krank. Dann verkaufte er seinen unvollendeten Palast. Der zweite Besitzer war ein Händler aus der Sandaga. Auch er wurde von den Alten mit einem Zauber belegt. Er wäre beinahe daran gestorben. Daraufhin verkaufte er auf der Stelle. Was den jetzigen Besitzer angeht, so hat ihn noch niemand zu Gesicht bekommen. Er wagt es weder, sich in Le Rail blicken zu lassen, noch sich seiner ›Villa‹ zu nähern.«

Was für eine schöne Geschichte! Aber mit so einem Zauber allein werden die Bewohner von Le Rail wohl kaum ihr Überleben sichern können?

Zwei große Sorgen treiben die Umweltflüchtlinge um: der Bulldozer und der Wasserhahn. Zum ersten: 90 Prozent des Landes im Senegal sind Gemeinschaftseigentum. Es gehört denen, die es bestellen und dort wohnen. Das funktioniert auf dem Land ohne nennenswerte Probleme. Aber in der Stadt? Dort explodieren seit ein oder zwei Jahren die Preise. Wo sich heute Le Rail befindet, kostete ein Hektar 1995 4000 französische Francs, 1998 schon 800000. Die Verwalter der so genannten Domänen, die »Staatsdiener«, sind die unbestrittenen Könige der Gaunerei. Ihre Bestechlichkeit ist legendär. Viele von ihnen stellen für einen Festbetrag falsche Besitztitel mit echten Stempeln aus. An dem Weg, der von der großen Asphaltstraße zum südlichen Eingang des Elendsviertels führt, bemerkte ich eine elegante Villa mit Balkonen und Garagen und zwei schwarzen Mercedes-Limousinen davor. »Die gehören einem Beamten der Domänen«, erklärte mir Jacques. »Und dabei gehört er noch zu den weniger Korrupten.«

Von Kindesbeinen an erledigen die Bewohner von Le Rail in der Stadt kleine Arbeiten als Träger, Schuhputzer oder Obstverkäufer. So gut wie keiner bettelt. Niemand prostituiert sich. Alle arbeiten. Doch wenn sie zu Fuß auf dem beinahe sieben Kilometer langen Rückweg sind, dann spukt ein Alptraum in ihrem Kopf herum: Was, wenn untertags einer der Spekulanten mit wohlwollender Unterstützung der Gendarmen einen Bulldozer hat anrücken lassen, um die Wellblechhütten niederzuwalzen, in denen sich all ihre kläglichen Besitztümer mitsamt den Kleinkindern befinden?

Passiert das denn manchmal?

Ja, Karim, das passiert sehr häufig.

Du hast auch über Wasserhähne gesprochen. Warum?

Die Flüchtlinge vor dem Hunger haben gesehen, wie die Wüste immer weiter vordringt, wie ihr Ackerland von Jahr zu Jahr mehr austrocknet, wie die Erde rissig wird und die Brunnen versiegen. Und schließlich, im letzten Moment, als der Tod sie schon im Würgegriff hatte, als unter ihrer staubbedeckten Haut schon die Knochen sichtbar wurden, sind sie geflohen.

Und nun sind sie da, am Fuß der Paläste der Mächtigen. Sie wissen ganz genau, dass ihre ganze Zukunft von einem, zwei oder drei Wasserhähnen abhängt. Ein Elendsviertel ohne Wasser, ohne Brunnen oder Wasserleitung, und seien sie noch so weit entfernt, ist von vorneherein zum Untergang verurteilt. Die Herren der Paläste, die Funktionäre der Domänen, die Gendarmen und Minister wissen das gleichfalls. Sie werden alles daran setzen, dass die Verwaltung die Installation einer Wasserleitung für die ökologischen Flüchtlinge verweigert.

In Le Rail aber haben diese Schurken die Rechnung ohne Jacques Bugnicourt gemacht. Er war Präsident der jungen Sozialisten Frankreichs, Kolonialverwalter, militanter Kämpfer für die Dekolonialisierung und Minister unter Senghor. Er genießt ein unerhörtes Ansehen im Senegal – egal, welche Partei gerade an der Macht ist.

Bugnicourt suchte den Direktor der Wasserwerke auf und anschließend den Minister für öffentlichen Wohnungsbau. Ohne Erfolg. Schließlich wandte er sich direkt an den Präsidenten der Republik. Abdou Diouf gab daraufhin Anweisung, zwei Wasserleitungen und vier Wasserhähne direkt am südlichen Eingang von Le Rail zu installieren. Das Wasser wird jetzt zum Preis von 0,5 Centimes pro Kanister verkauft. Tag und Nacht halten zwei alte, mit Nagelstöcken ausgerüstete Wächter Wache davor, denn die Wasserhähne sind lebenswichtig.

Was soll denn später mit all diesen Bewohnern von Elendsvierteln geschehen?

Überhaupt nichts. Eine Rückkehr auf ihr zerstörtes Land ist ausgeschlossen, wenn nicht ein Wunder geschieht. Was bleibt ihnen also? Ein anständiges Leben außerhalb der verrosteten Blechhütten zu finden? Wie sollen sie das anstellen? Sie sind Bauern – Viehzüchter oder Ackerbauern –, und sie haben kein Land, keine Tiere, nichts mehr. Nichts außer ihrer Würde. Ich habe dir schon gesagt, dass niemand bettelt. Niemand prostituiert sich. Eine Bande von Drogenhändlern, die sich in dem Bidonville festsetzen wollte, wurde unerbittlich vertrieben. Welche Zukunft erwartet die Bewohner von Le Rail? Diese wundervollen Menschen, die frohen Mutes den Tag beginnen und nachts von Sorgen gepeinigt wieder zu ihren Hütten zurückkehren, wissen nicht, wohin sie gehen könnten. Ebenso wenig wie ihre Kinder. Manchmal walzen die Bulldozer ihren Unterschlupf nieder. Dann ziehen die Flüchtlinge weiter. Auf ein anderes noch unbebautes Gelände. Und das Drama nimmt erneut seinen Lauf. Aber auch wenn die Menschen in Le Rail sich mehr oder minder gut durchschlagen – wie viele Wellblechsiedlungen versinken in Elend, sozialer Auflösung und Kriminalität?

22

Wie viele Umweltflüchtlinge gibt es denn?

Die Vereinten Nationen schätzen, dass es heute weltweit schon mehr als eine Viertelmilliarde Umweltflüchtlinge gibt. In den nächsten zehn Jahren ist eine weitere Milliarde vom selben Schicksal bedroht.

Und all diese Menschen werden in die Elendsviertel der Städte strömen?

Wohin sollen sie sonst gehen? Wir stehen an der Schwelle einer gigantischen Revolution: vor dem Ende des Landlebens und der Verstädterung des Planeten.

Noch um 1800 war London die einzige Stadt auf der Erde, in der mehr als eine Million Einwohner lebten. 1990 lebten bereits 540 Millionen Menschen in den hundert größten Städten des Planeten.

Die Anzahl der Stadtbewohner wächst ungefähr dreimal so schnell wie die Weltbevölkerung insgesamt. Ihre jährliche Wachstumsrate beträgt 4,7 Prozent, während die

Wachstumsrate der Weltbevölkerung bei 1,6 Prozent liegt.

Wenn das Bevölkerungswachstum unverändert anhält, werden im Jahr 2015 mindestens 7,1 Milliarden Menschen auf der Erde leben, mehr als 60 Prozent davon in Städten.

Fast 70 Prozent der Lateinamerikaner leben bereits heute in der Stadt, der größte Teil davon in verkommenen Siedlungen, die aus Brettern, Plastikteilen und verrostetem Wellblech errichtet wurden. 1999 sind 35 Prozent der Afrikaner verstädtert. 2025 werden mehr als die Hälfte der Afrikaner in Städten leben.

Die schnelle Zunahme der Stadtbevölkerung hat mehrere Ursachen: Landflucht, Auslaugung des Bodens und eine zu intensive, mechanisierte und industrialisierte Landwirtschaft, die hauptsächlich den Exportbedürfnissen der Staaten Rechnung trägt, sowie die Desertifikation. Riesige, stinkende Bidonvilles ballen sich um die Städte zusammen. Die Städte üben eine magnetische Anziehungskraft aus. Oft sind sie die letzte Hoffnung der Verelendeten.

Gerade habe ich den letzten Bericht der »Population division« der Vereinten Nationen mit dem Titel »World Urbanization Prospects« gelesen. Er kommt zu folgenden Prognosen: Die größte städtische Zusammenballung im Jahr 2015 wird mit fast 30 Millionen Menschen Tokio sein. In Bombay werden sich 28 Millionen Menschen zusammendrängen; in Lagos in Nigeria 26 Millionen. Die beiden chinesischen Megalopolen – Schanghai und Peking – werden 23 und 29 Millionen Einwohner aufweisen. 22 Millionen Menschen werden in Djakarta in Indonesien leben. Dakka in Bangladesch und Karatschi in Pakistan werden die Megalopolen der zwei ärmsten Länder der Erde sein; im Jahr 2015 werden 19 Millionen Menschen in der ersten und 22 Millionen in der zweiten leben. Die Prognosen für Lateinamerika klingen ebenso beunruhigend: 22 Millionen Einwohner werden für São Paulo, 23 Millionen für Mexico-City vorausgesagt. Ich sage dir noch einmal: Die weit überwiegende Mehrheit dieser neuen Bewohner wird in Elendsvierteln hausen, ihr Bauch wird aufgebläht sein vom Kwaschiorkor, Würmer werden sie plagen, eine Vielzahl von Krankheiten wird sie befallen, und oft werden sie nach einem kurzen, leidvollen Leben an Hunger sterben.

In Peru – in Lima, Ayacucho, Arica – heißen diese Elendssiedlungen *Barriadas*. In Chile nennt man sie *Poblaciones callampas* (Pilzsiedlungen), in Brasilien *Favelas*. Wie ein Ozean aus Elend umschließen sie die städtischen Inseln, in denen der Mittelstand und die Reichen wohnen.

In Rio de Janeiro thront La Rocinha, eine riesige Favela mit mehr als einer halben Million Einwohnern – im wesentlichen Hungerflüchtlinge aus dem Nordosten – an der Atlantikküste, auf einem Berghang über dem Viertel Barra de Tijuca. Dort reihen sich luxuriöse Appartementhäuser, deren große Glasfenster dem Meer zugewandt sind, und Traumvillen aneinander. Sie sind von drei Meter hohen Mauern, bewehrt mit scharfen Eisenspitzen, umgeben. Private Wachtrupps – die oft in La Rocinha rekrutiert werden! – patrouillieren, mit Maschinenpistolen bewaffnet und gefolgt von scharf dressierten Hunden, in dem unbebauten Gelände, das die letzten Hütten der Favela von den ersten Mauern der »Asphalt«-Residenzen trennt, wie die *favelados* sie nennen. Nie im Leben habe ich ein drastischeres Sinnbild des Klassenkampfes gesehen!

Die Technokraten der Vereinten Nationen haben einen aseptischen Begriff für die Bewohner der Elendsviertel gefunden, sie bilden den »informellen Sektor«. Im Jahr 2000 gehören über 45 Prozent der Einwohner Lateinamerikas zum »informellen Sektor«.

Was soll der Begriff bedeuten?

Der »informelle Sektor« umfasst all jene, die keine festen Arbeitsplätze, Produktionsbeziehungen, feste Wohnsitze, Sozialversicherung oder sonst eine stabile, administrativ erfasste soziale Existenz haben. »Informell« steht als Gegensatz zu »formell«: Der »formelle Sektor« umfasst jene Menschen, die eine normale Existenz als Wirtschaftssubjekt und Staatsbürger besitzen. Im Grunde ist »informeller Sektor« nichts als die euphemistische Neufassung des Marxschen Begriffs »Lumpenproletariat«.

Zum informellen Sektor gehören also alle Männer, Frauen und Kinder, die weder über ein regelmäßiges Einkommen verfügen noch Zugang zu medizinischer Versorgung und Schulbildung haben und – in den meisten Fällen – kein stabiles Familienleben kennen. Vor allem aber haben sie keine Behausung, die diesen Namen verdient. Sie sind hilflos Epidemien und den Folgekrankheiten chronischer Unterernährung ausgeliefert, aber auch der Dauerarbeitslosigkeit, den Unbilden der Witterung und sehr häufig auch kriminellen Banden, die über die Wellblechsiedlungen herrschen.

Wie überleben sie?

Viele von ihnen überleben gar nicht und sterben in jungen Jahren. Was sie tun? In Brasilien nennt man es *biscate* – kleine Gelegenheitsjobs. Einer meiner Studenten, der in einer Barriada von Lima gearbeitet hat, berichtete mir von folgendem Dialog. Er hatte eine Frau aus dem Altiplano gefragt, wovon sie lebe, und diese antwortete ihm: »Hay la prostitucion, hay la delinquencia o compras una botella de Coca por un sol y la vendes por dos soles. Que vas hacer, se tienes ocho hijos y no hay seguridad social?« (»Es gibt die Prostitution, es gibt das Verbrechen, oder man kauft eine Flasche Coca-Cola für einen Sol und verkauft sie für zwei Soles. Was soll man sonst tun, wenn man acht Kinder hat und es keine Sozialversicherung gibt?«) Ein peruanischer Sol entspricht ungefähr zwanzig Pfennig. Daran kannst du erkennen, in welcher Ungewissheit diese Familie ihr Leben fristet.

Es heißt, der Tourismus vereine die Welt. Millionen Europäer und Nordamerikaner fallen alljährlich über Brasilien, Peru und Indonesien her, über die afrikanischen Küsten, den lateinamerikanischen Altiplano, die Hochebenen Mexikos, über Kalkutta oder das Industal. Doch es sind Blinde, die da reisen. Sehr selten nur nehmen sie die Hungeropfer zur Kenntnis, die ihnen auf der Straße begegnen, oder die sie von ihren klimatisierten Hotels aus in den häufig direkt angrenzenden Elendsvierteln bemerken.

Dabei sieht man einem Kind die Unterernährung von weitem an: ein zu großer Kopf wankt auf einem entkräfteten Körper; sein Gang ist schleppend; es scheint totmüde. Seine Stimme ist schwach, die Hautfarbe fahl. Die Angst steht in den Augen. Oft auch sieht man psychomotorische Störungen. Und noch eines, Karim: Werden solche Kinder in Heimen oder bei einer Familie aufgenommen, verwandeln sie sich oft in wenigen Wochen in fröhliche, gesunde Menschen.

23

Aber es ist doch kein unabänderliches Schicksal, dass diese Umweltflüchtlinge in Wellblechsiedlungen leben müssen. Es gibt doch viel unbesiedeltes Land überall in der Dritten Welt, vor allem in Afrika, wie zum Beispiel im Senegal? Warum kann die Regierung den Hungerflüchtlingen nicht neues Land zuweisen, das weiter von der vordringenden Wüste entfernt ist?

Du hast Recht. Der Senegal hat kaum mehr als 10 Millionen Einwohner bei einem Territorium von 197 000 Quadratkilometern. Es gibt indes noch ein anderes Problem – vor allem in Afrika –, von dem ich dir noch nicht erzählt habe: den Kolonialpakt.

Was bedeutet das?

Der Kolonialpakt wurde den Völkern Afrikas und anderer Kontinente Ende des 19. und am Anfang des 20. Jahrhunderts von den europäischen Eroberern aufgezwungen. Die Europäer haben sich im Laufe ihrer gesamten Geschichte als Landräuber in großem Maßstab hervorgetan.

In Amerika beispielsweise, wo sie die indianischen Ureinwohner meist schlicht und einfach durch Feuer, Schwert und Krankheiten ausgerottet haben. Auch in Afrika haben sie viel Land gestohlen, die Bewohner zur Zwangsarbeit gezwungen und die Plantagenwirtschaft eingeführt. Vor der Ankunft der Räuber – die über mächtige Waffen verfügten – produzierten Afrikas Bauern und Viehzüchter vor allem Nahrungsmittel für den eigenen Verbrauch und für den Tribut, den sie je nach Zivilisation und Region an die örtlichen Machthaber entrichten mussten. Durch die Ankunft der Europäer wurde all das auf den Kopf gestellt: Europa nämlich besaß eine mächtige Industrie und in seinen Bewohnern auch Abnehmer für die weiterverarbeiteten Produkte. Die verschiedenen Kolonialmächte zwangen also die afrikanischen Bauern zum Anbau von Pflanzensorten, die in der europäischen Industrie und auf dem europäischen Markt Verwendung fanden. So musste die Kolonie Tschad vor allem Baumwolle für die französische Textilindustrie anpflanzen. Die Ashanti aus dem Regenwald Ghanas vor allem Kakaobäume für die englischen Schokoladefabrikanten. Tansania Sisal. Burundi, Ruanda und der Kiwu Teepflanzen. Auf Jamaika und Martinique, im Reconcavo de Bahia in Brasilien war es Zuckerrohr für England, Frankreich und Portugal.

In den Beziehungen zwischen Frankreich und seinen ehemaligen Kolonien erfüllt der Kolonialpakt auch eine politische Funktion. Er ermöglicht es Frankreich, seine Ziele durchzusetzen und die neokolonialen Eliten, die es herangezogen hat und die in ihrem Land nur über begrenzte Macht verfügen, in seiner Abhängigkeit zu halten. Frankreich hat dadurch in der Vollversammlung der Vereinten Nationen (und in anderen internationalen Organisationen) eine große Anzahl sicherer Satellitenstimmen in der Hinterhand.

Und der Senegal?

Der Senegal wurde von der Kolonialmetropole zum beinahe ausschließlichen Anbau von Erdnüssen gezwungen. Welch fatale Entscheidung! Bis zum heutigen Tag hat der Senegal sich nicht von den Fesseln einer ausschließlich für den Export bestimmten Monokultur befreit. Die Bauern produzieren Tausende von Tonnen Erdnüsse. Die Regierung kauft sie auf und exportiert sie nach Europa.

Der Bauer erhält für sein Produkt einen weitaus niedrigeren Preis als den, den die Regierung durch den Export erzielt. Mit der Differenz – das heißt auf dem Rücken der Bauern und mit ihrem Schweiß – finanziert das Regime unter anderem seine teilweise parasitäre Bürokratie und den unerhörten Luxus, in dem viele seiner Abgeordneten und Minister leben.

Du hast von Monokultur gesprochen. Was ist das?

Monokultur besteht in einem Land, wenn praktisch nur ein einziges Hauptprodukt angebaut wird. Eben zum Beispiel Erdnüsse im Senegal, die allesamt nach Europa verschifft werden.

Wovon ernähren sich denn die Senegalesen?

Mit einem Teil der durch den Export erzielten Einkünfte kauft die senegalesische Regierung in Thailand, Kambodscha oder anderswo vor allem Reis ein. Reis ist das Hauptnahrungsmittel im Senegal – und er wird zum überwiegenden Teil eingeführt! Ich will dir einige Zahlen nennen: Die Importe belaufen sich auf beinahe 400 000 Tonnen pro Jahr, wofür Devisen in Höhe von 85 Milliarden CFA Francs aufgebracht werden müssen. 1997 wendeten die Haushalte in Dakar 17,4 Prozent ihres Budgets für den Kauf des Importgetreides auf, 11,8 Prozent für Brot und 10,9 Prozent für Gemüse. Dieser hohe Getreidekonsum geht einher mit einem Rückgang des Verbrauchs einheimischer tierischer Proteine. Die Ausgaben dafür sanken innerhalb von zwanzig Jahren, von 1975 bis 1995, um 3,4 Prozent bei Fleisch und um etwa 1,6 Prozent bei Fisch, außerdem sanken die Ausgaben für Obst um 0,4 Prozent.

Kurzum: Der Senegal wird immer stärker vom Ausland abhängig, obwohl er eine arbeitsame und leistungsfähige Bauernschaft besitzt und durchaus in der Lage wäre, alle für seinen Lebensunterhalt notwendigen Nahrungsmittel selbst zu produzieren. Stattdessen aber zieht sich die Schlinge des Kolonialpakts immer enger um ihn zusammen. Hinzu kommt, dass die Importe lizenzpflichtig sind. Verschiedene Minister haben so das Monopol für Nahrungsmittelimporte und verdienen astronomische Vermögen. Sie haben natürlich überhaupt kein Interesse daran, die einheimische Nahrungsmittelproduktion zu fördern.

Das ist ein abscheuliches System!

Da hast du Recht. Das fruchtbare Land wird für den Anbau von Exportpflanzen genutzt, auf deren Weltmarktpreis die afrikanische Regierung keinen Einfluss hat. Der Anbau von anderen Kulturpflanzen geht immer mehr zurück. Anders gesagt: In einem Staat mit fruchtbarem Land, der traditionell über absolut tüchtige Bauern verfügt, breitet sich scheinbar unvermeidlich die Unterernährung aus.

Du hast mir nicht geantwortet: Was tut die senegalesische Regierung für die Umweltflüchtlinge?

Es gibt kein herrenloses Land für diese Menschen. Die Regierung hat weder die finanziellen Mittel, noch den Willen, wie ich vermute, um Ausbildungsprogramme und Fortbildungsmaßnahmen durchzuführen und die Flüchtlinge auf diese Weise in die aktive Stadtbevölkerung zu integrieren.

24

Kann denn niemand den Würgegriff des Kolonialpakts lösen?

Ich kenne einen Mann, der in einem der ärmsten Länder der Erde mit seinen Freunden zusammen das Unmögliche wahrzumachen versuchte. Der Mann hieß Thomas Sankara und das Land Burkina Faso. Dieses Land liegt am Südrand der Sahara, im Westen des afrikanischen Kontinents.

Kennst du dieses Land?

Und ob! In den Jahren 1983 bis 1987, als die jungen Revolutionäre an der Macht waren, bin ich sehr häufig dorthin gereist. Du kannst dir nicht vorstellen, was sie in weniger als vier Jahren geleistet haben! Ich werde dir diese Geschichte erzählen, damit du siehst, dass die Menschen nicht unweigerlich zum Untergang verurteilt sind und dass man den Hunger selbst in einem der ärmsten Länder der Erde besiegen kann. Wenn die Menschen es nur wollen ...
Zum ersten Mal besuchte ich Ouagadougou 1983, und

zwar auf Grund einer außergewöhnlichen Verkettung von Umständen.

Was war das für eine Verkettung von Umständen?

Es war Weihnachten 1983. Das Telefon läutete bei uns zuhause. Die Stimme eines unbekannten Mannes sagte: »Hier spricht Hauptmann Sankara, ich möchte mit Professor Ziegler sprechen.« Ich hatte diesen Namen nie zuvor gehört, und eine militärische Stimme löst bei mir instinktiv Vorbehalte aus. Also antwortete ich ziemlich kühl: »Am Apparat.«

»Ich muss Sie dringend sehen. Im Gefängnis habe ich Ihr Buch ›Main basse sur l'Afrique‹ gelesen. Ich muss mit Ihnen sprechen. Kommen Sie?«

Es war die Zeit der Semesterferien, und einer Intuition gehorchend, die ich nie bereut habe, machte ich mich auf den Weg.

Und was hast du dort vorgefunden?

Ich erinnere mich an meine Ankunft in Ouagadougou, der Hauptstadt von Burkina Faso, im Januar 1984. Der Wind des Sahel wirbelte rote Staubsäulen auf der Straße hoch. Die vier jungen Offiziere, die seit dem Aufstand vom 4. August 1983 das Land regierten, erwarteten mich in einem kleinen Haus im Viertel »L'Entente«. Sie luden mich zum Essen ein. In dem Zimmer herrschte eine erdrückende Hitze. Auf dem Tisch standen grüne Bohnen,

Tomaten, Hirse, Süßkartoffeln und ein paar Dosen Fleisch. Zu trinken gab es nichts als Wasser. Thomas Sankara, ein intelligenter, lebhafter Mischling mit Mossi- und Peul-Blut, führte den Vorsitz bei Tisch. Ihm gegenüber saß sein bester Freund: Blaise Compaoré, ein großer, schlanker Mann mit strahlenden Augen. Zu seiner Seite saß Henri Zongo, eine massige und einnehmende Persönlichkeit. Am Ende des Tisches schließlich hatte ein schweigsamer älterer Mann – er war 38 Jahre alt – mit ernster Miene Platz genommen, der Verteidigungsminister Jean-Baptiste Lingani. Zongo, Lingani und Sankara sind heute alle tot, getötet auf Befehl von Blaise Compaoré, der doch ihr Freund gewesen war. Das ehemalige Obervolta, das 1960 formell die Unabhängigkeit erlangt und sich 1984 in Burkina Faso – »Das Land der würdigen Männer« – umbenannt hatte, erstreckt sich über 270 000 Quadratkilometer und hat ungefähr 9 Millionen Einwohner. Dieses Land liegt an einem bedeutungsvollen Schnittpunkt von Westafrika: Auf seinem Territorium kreuzen sich die Straßen, die die südliche Sahara mit den Ebenen der Mossi und die Steppen des Sahel mit den tropischen Wäldern der Elfenbeinküste, Ghanas und Benins verbinden. Die unterschiedlichsten Völker leben dort oder ziehen auf ihren Wanderungen hindurch. Hirten der Peul, Tuareg-Herren und ihre Sklaven sowie Bellah durchqueren die weitläufigen Steppen im Westen und Norden auf ihren Nomadenwanderungen. Im Süden und Osten schließlich leben Malinke, Samo, Gourmanche und Senufo. Im Zentrum des Landes entfaltet sich der Glanz des alten Reichs der Mossi. Die »Meister der

Erde« und der Kaiser der Mossi, genannt Moro Naba, haben offensichtlich auch heute noch beträchtlichen Einfluss auf das Denken der Bauern. Die Mossi-Aristokratie bildete einen ernst zu nehmenden Gegner für die jungen revolutionären Offiziere.

Und wie erging es den Menschen?

Aufgrund der unglaublichen Unfähigkeit und Korruption der aufeinander folgenden Regierungen, die alle unter der Kontrolle der ehemaligen Kolonialmacht Frankreich standen, war Burkina Faso damals mit tausend Wunden geschlagen. Die wirtschaftliche und soziale Lage war katastrophal. In den Statistiken der Weltbank rangierte Burkina Faso in der Rangliste des Bruttosozialprodukts unter 170 Ländern an 124. Stelle und an 161. hinsichtlich des Pro-Kopf-Einkommens. Mit Ausnahme des Südens ist der Boden größtenteils trocken, schwierig zu kultivieren und weitgehend unfruchtbar. Nur 25 Prozent des kultivierbaren Landes wurde tatsächlich bestellt. Der Getreideertrag lag bei 540 Kilogramm pro Hektar, während er in Frankreich 4883 Kilogramm pro Hektar beträgt. Noch 1984 lag die Einschulungsquote der Kinder bei nur 20 Prozent. In Burkina Faso gab es mehr als 7000 Dörfer, aber nur 1300 Schulen. Insgesamt fehlte es an 18 000 Lehrern.

Die Außenhandelsbilanz wies ein permanentes Defizit auf. Der in der Ebene östlich von Bobo-Dioulasso produzierte Zucker kostete 18-mal so viel wie der importierte Zucker. Wie praktisch alle Länder der Region litt auch Burkina Faso unter einem aufgeblähten und oft parasitären Beamtentum. 38 000 Beamte verschlangen mehr als 70 Prozent des Staatshaushalts. Jedes Jahr war die Staatskasse ab Oktober leer. Die Regierung musste bei einer ausländischen Macht die erforderlichen Mittel erbetteln, damit sie das Gehalt ihrer Beamten bezahlen konnte.

25

Hast du die Dürre gesehen?

Ja, vor allem im Norden, in der Region von Dori. Die Stadt Dori liegt im äußersten Norden des Landes. Sie ist die Hauptstadt der Provinz Sahel. Dort leben auf 30 000 Quadratkilometern, aufgeteilt in neun Departements, ungefähr 300 000 Einwohner, die praktisch alle Nomaden oder Halbnomaden sind. Wir benötigten damals beinahe sechs Stunden für die 120 Kilometer Piste bis Dori. Auf unserem Weg trafen wir auf verlassene Zeltlager, und Skelette von Zebus säumten die Piste. Dann versperrte das verkohlte Wrack eines Militärlastwagens die Piste. Von Zeit zu Zeit tauchten spindeldürre Gestalten vor dem Jeep auf: Es waren Frauen, Kinder und Männer, die einen Termitenbau zerstörten, um die Ameisen herauszuholen, die die letzte Hoffnung der Verhungernden waren.

Die gesamte komplexe Gesellschaftsstruktur des Sahel, die aus berühmten Völkern wie den Tuareg, den Peul oder den Bellah mit uralten kulturellen Traditionen besteht, war durch die Hungerkatastrophe vom Untergang bedroht. Normalerweise pflanzen die Bauern im Juni, mit dem Beginn der Regenzeit, Hirse an. Die zweite Regensaison im August lässt die Pflanzen dann wachsen. Und im September bringt ein letzter Regen die Ähren zur Reife.

In diesem Jahr allerdings waren zwar die Regenfälle im Juni normal gewesen, doch der Regen im August war so heftig niedergegangen, dass er die in einer dünnen Humusschicht gepflanzten Schösslinge zerstört hatte. Die Pflanzen, die die Verwüstungen im August überstanden hatten, waren anschließend vertrocknet. Die Ernte war praktisch gleich null.

1984 betrug die durchschnittliche Regenmenge im Sahel 20 Millimeter. Es wären jedoch 400 notwendig gewesen, um mehr als ein paar verdorrte Halme zu ernten.

Die Hirten wurden vom gleichen Drama heimgesucht. Die Wasserpfützen trockneten mit erschreckender Geschwindigkeit aus. Der Grundwasserspiegel sank Tag für Tag. Die meisten Brunnen waren leer. Der Grundwasserspiegel in der Region Belli lag inzwischen in mehr als fünfzehn Metern Tiefe. In der Region lebten etwa 400 000 Zebus. Doch die Preise auf den Märkten von Gorom-Gorom, Tin-Akof, Timbuktu, Gao und Markow waren vollkommen zusammengebrochen. Die überlebenden Tuareg erbettelten ihren Lebensunterhalt vor dem Hôtel de France in Ouagadougou.

Und die internationalen Hilfslieferungen?

Sie trafen nur tröpfchenweise und in vollkommen unzureichender Menge ein.

Warum?

Burkina Faso ist weder eine Region von strategischer Bedeutung noch hat es bedeutende Bodenschätze vorzuweisen. Es gibt dort nichts als den vor Hitze gleißenden Himmel, Steine, Gestrüpp, Kamele ... und Menschen. Und vor allem: Sankaras Politik missfiel Frankreich und seinen Vasallen in der Region zutiefst.

26

Was machte er denn für eine Politik?

Sankara hatte begriffen, dass die Fähigkeit eines Landes, die für die Selbstversorgung notwendigen Lebensmittel zu produzieren, ohne soziale Gerechtigkeit wertlos war. Er setzte daher sofort radikale Reformen in Kraft. Ich habe dir schon gesagt: 1983 gab es in Burkina Faso 38 000 Beamte. Dieser völlig überdimensionierte und größtenteils ineffiziente Verwaltungsapparat ähnelte einem Gebirge mit vielen sich überlagernden geologischen Schichten. Jede der neokolonialen Regierungen, die einander seit der formellen Unabhängigkeit 1962 gefolgt waren, hatte ihre eigene Schicht an Verbündeten, Verwandten, Cousins und Klienten hinterlassen. Wie sollte man diesen Berg abtragen?

Die Aufgabe war quasi unlösbar für die jungen Revolutionäre, denn vom mageren Gehalt eines jeden Beamten lebten fünfzehn, zwanzig Personen. Alternative Arbeitsplätze existierten praktisch nicht, da im privaten Sektor oder in halbstaatlichen Gesellschaften insgesamt nur

30000 Arbeitnehmer beschäftigt waren. Sankara entschied sich für einen radikalen, aber gefährlichen Weg: Die dreißig Regionen des Landes sollten autonom ihren Haushalt verwalten und selbst ihre Beamten einstellen. Sie sollten von der Hauptstadt genau diejenigen Funktionäre – aus dem Gesundheitswesen, Bildungssektor, Straßenbau, Wasseramt – anfordern, die sie tatsächlich benötigten. Die internen Verwaltungsgrenzen des Landes stimmten größtenteils mit den ethnischen Wohnflächen des Landes überein. Eine solche Dezentralisierung bot einen großen Anreiz, denn die ethnozentrisch definierte Region mobilisierte all jene ungeheuren Kräfte, die im ethnischen Bewusstsein schlummern. Aber die Dezentralisierung barg auch Gefahren, denn Burkina Faso wird ebenso wie die meisten seiner Nachbarn von jahrhundertealten, unterschwelligen und heftigen ethnischen Antagonismen durchzogen. Indem die revolutionäre Regierung die ethnischen Grenzen mit den Verwaltungsgrenzen zusammenfallen ließ, ging sie das gewaltige Risiko ein, jene Stammesfehden wiederaufleben zu lassen, die der Untergang jeder afrikanischen Nation sind.

Um diesem Risiko entgegenzuwirken, nahm Sankara große Projekte auf nationaler Ebene wie beispielsweise die Eisenbahnlinie Ouagadougou-Tambao in Angriff. Dieser neuen Schlacht um die Eisenbahn kam eine große symbolische Bedeutung zu, denn der Bau einer Eisenbahnlinie ist überall in Schwarzafrika mit den schlimmsten Erinnerungen an koloniale Ausbeutung verbunden. Tausende von schwarzen Arbeitern hatten beim Bau der Linie Abidjan-

Niger ihr Leben gelassen, andere waren an der Strecke Dakar-Bamako umgekommen. Unzählige Leichen hatten die Eisenbahnlinie Matadi-Kinshasa oder Pointe-Noire-Brazzaville gesäumt. Dieses Mal jedoch waren es freie Männer und Frauen, die sich ohne Bezahlung und mit bloßen Händen, ausgerüstet einzig mit einer Wasserflasche und ein paar Hand voll Reis, dem unendlichen Horizont der Savanne entgegenarbeiteten. Tambao ist etwa 450 Kilometer von Ouagadougou entfernt und liegt in der Halbwüste im äußersten Norden des Landes. Am Mittwoch, dem 25. Februar 1987, sah ich, wie Thomas Sankara und Tausende von Freiwilligen unter einer Gluthitze die Arbeit an den Gleisen, Schwellen und Bolzen des ersten Abschnitts begannen. Ende des Jahres erreichte die Bahnlinie schließlich das 30 Kilometer entfernte Kaya.

Eine andere Reform betraf die Abschaffung der Kopfsteuer. Bis 1983 musste jeder Einwohner von Burkina Faso jährlich mehrere Tausend Francs an die örtlichen Behörden entrichten. Auf dem Land waren die Familienväter meist nicht in der Lage, solche Summen aufzubringen. Die Dorfvorsteher zogen daraufhin Rinder, Ziegen, Hirse und anderes vom mageren Besitz der Bauern ein. Oft verlangten sie auch Frauen als Bezahlung. Wenn die Bauern ihre Schuld weder in Geld noch in Naturalien begleichen konnten, wurden sie zur Zwangsarbeit auf den Ländereien des Dorfchefs gepresst. Auch auf die Stadt hatte die Abschaffung der Kopfsteuer positive Auswirkungen. Mein Freund Théodore Konseica, ein Postinspektor in Ouagadougou, der aus dem Dorf Pissi in der Region Saponé stammt, erklärte mir: »Vor 1983 baten mich meine Brüder, Cousins und Großneffen aus dem Dorf jedes Jahr um viel Geld. Sie waren von mir abhängig, wenn sie der Zwangsarbeit entgehen und ihre Steuern zahlen wollten. Ich war das einzige Familienmitglied, das ein regelmäßiges Gehalt bezog. Heute habe ich alle meine Zulagen, meine Dienstwohnung, mein Auto verloren. Mein Gehalt ist gesunken, und dennoch lebe ich viel besser, denn die Kopfsteuer im Dorf ist verschwunden.«

Ab 1983 wurde das kultivierbare Land verstaatlicht. Zuvor wiesen die Dorfvorsteher den Familien nach ihrem Gutdünken Land zu. Die Herren über das Land befahlen, was dort angepflanzt werden musste; sie bestimmten den Rhythmus der Landwirtschaft, führten Fruchtbarkeits-, Aussaat- und Ernterituale durch und ließen sich für jede ihrer Leistungen in Geld, Naturalien oder Zwangsarbeit bezahlen. Nach der Machtübernahme durch Thomas Sankara erstellten die Vertreter des Landwirtschaftsministeriums ein Kataster. Das Land wurde entsprechend den Bedürfnissen der Familien umverteilt. Die Rituale wurden auch weiterhin durchgeführt, doch niemand war mehr zu irgendeiner Zahlung gezwungen.

Und was war das Ergebnis all dieser Reformen?

Es war spektakulär! Innerhalb von nur vier Jahren war die Agrarproduktion drastisch gestiegen, die Staatsausgaben gesunken, und das dadurch freigesetzte Kapital war in erster Linie in den Straßenbau, kleine Bewässerungsdäme, die landwirtschaftliche Ausbildung und das örtliche Handwerk investiert worden.

Innerhalb von vier Jahren konnte sich das Land selbst mit Nahrungsmitteln versorgen und die komplexe Gesellschaft der Burkinabé war demokratischer und gerechter geworden.

27

Sankara ist bestimmt zum Vorbild für ganz Afrika geworden?

Unglücklicherweise ja!

Weshalb sagst du »unglücklicherweise«?

Weil sich in diesem Land, das halb so groß wie Frankreich ist und in dem kaum zehn Millionen Menschen leben, wovon 99 Prozent bettelarm sind, eine grandiose Hoffnung erhoben hat – die Hoffnung auf Würde, Gerechtigkeit und Stolz. Sie hat auf ganz West- und Zentralafrika ausgestrahlt. Diese Hoffnung hat so korrupte Regimes wie das von Félix Houphouët-Boigny in der Elfenbeinküste, von Omar Bongo in Gabun und von Gnassimbé Eyadema in Togo in den Grundfesten erschüttert.

Gewisse französische Kreise – Beschützer und Komplizen der Regimes, die ich eben aufgezählt habe – waren nicht gewillt, solche Zustände zu tolerieren. Der Prophet musste getötet werden. Das geschah schließlich durch Sankaras ehemals besten Freund, Blaise Compaoré. Der Mörder ist heute Staatspräsident.

Wie starb Sankara?

Thomas Sankara starb wie Salvador Allende: ermordet von der Hand einheimischer Militärs, die vom Ausland ferngesteuert wurden.

In einer seltsamen Ahnung hatte Sankara seine Ermordung vorhergesehen. In einer Septembernacht 1987 trafen wir uns zufällig in Addis Abeba. Sankara war auf Staatsbesuch. Ich auf der Durchreise. Wir sprachen in seiner Residenz über das Schicksal Che Guevaras, der zwanzig Jahre zuvor in den Bergen von Higueras in Bolivien ermordet worden war. Unvermittelt fragte mich Sankara: »Wie alt war der Che, als er ermordet wurde?« Ich antwortete: »Neununddreißig Jahre und acht Monate.« Nachdenklich fragte Sankara: »Ob ich jemals so alt werde?« Wenn er noch gelebt hätte, wäre Sankara im Dezember 1987 achtunddreißig Jahre alt geworden.

Mit Sankara wurde eine große Hoffnung ermordet. Burkina Faso ist heute unter Compaoré zur Normalität zurückgekehrt: Die Korruption ist wieder da und mit ihr die extreme Abhängigkeit vom Ausland, die chronische Unterernährung im Norden, neokoloniale Entwürdigung und Demütigung, verschwenderische Staatsausgaben, das Schmarotzertum der Bürokratie, die Verzweiflung der Bauern.

28

Am Ende stehen also Scheitern und Ausweglosigkeit?

Letzten Endes ja. Weil die Tragödien sich endlos wiederholen.

So viele Naturkatastrophen, so viele Hungersnöte, so viele Konfliktherde in der Dritten Welt beanspruchen unablässig die Aufmerksamkeit der westlichen Regierungen, der internationalen Organisationen, der öffentlichen Meinung! Mit der Zeit fallen die Opfer dem Vergessen anheim. Werden allmählich unsichtbar. Sterben in tiefster Einsamkeit. Die internationale Solidarität bröckelt ab. Irgendwann muss man erkennen, dass alle diese Nothilfemaßnahmen, diese Hilfen zur Verbesserung des Bodens, der Kampf gegen die Wüstenbildung, die Einrichtung einer stabilen Infrastruktur in den Elendsvierteln, die Agrarhilfe, das Bohren von Brunnen – dass all diese Operationen letzten Endes nichts als ein Notbehelf sind, den die nächste Katastrophe mit einem Wimpernschlag in Nichts auflöst. Nicht einmal die Autarkie bei der Nahrungsmittelproduktion bietet einem Land Schutz vor einer Hungersnot.

Was muss denn geschehen?

Die mörderische Ordnung der Welt muss umgestürzt werden. Eine Horde wild gewordener Börsentrader, Spekulanten und Finanzbanditen hat eine Welt der Ungleichheit und des Schreckens errichtet. Denen müssen wir das Handwerk legen.

Epilog

»In Erwägung, dass wir hungrig bleiben
Wenn wir dulden, dass ihr uns bestehlt
Wollen wir mal feststelln, dass nur Fensterscheiben
Uns vom guten Brote trennen, das uns fehlt.«

BERTOLT BRECHT

Die erste Aufgabe aller lebenden Arten, die die Natur hervorbringt – Pflanzen, Tiere und Menschen –, ist es, sich zu ernähren, um zu leben. Ohne Nahrung stirbt die Kreatur. Die Pflanze ohne Wasser verdorrt und welkt dahin, das hungrige Tier, das keine Beute findet, sinkt nieder und haucht sein Leben aus, der Mensch, der vergeblich nach Nahrung sucht, verliert seine Kräfte und ringt mit dem Tode.

Die zweite Aufgabe aller lebenden Arten ist es, sich zu vermehren. Um sich zu vermehren, müssen die Pflanzen das Stadium der Reife erreichen und die Tiere das fortpflanzungsfähige Alter. Dann erst können alle Arten ihre Nachkommen hervorbringen. Um aber das fortpflanzungsfähige Alter zu erreichen, ohne zuvor krank zu werden, ohne eines verfrühten Todes zu sterben, ist es unabdingbar, Nahrung zu finden.

Um sich zu ernähren, haben die ersten Männer und Frauen gemeinsam in der Natur nach Früchten, Beeren und Kräutern gesucht, mit denen sie ihren Hunger stillen konnten. Um sich zu ernähren, haben sie gejagt und gefischt, sie haben Werkzeuge erfunden, um damit leistungsfähiger zu werden und ihre Kost aufzubessern. Und um fruchtbares und wildreiches Land zu finden, sind sie umhergezogen und haben neues Land erkundet, manchmal im Rhythmus der Jahreszeiten, ein andermal auf Dauer.

Um sich zu ernähren, haben Männer und Frauen dann den Boden bestellt, gesät, gepflanzt, neue Werkzeuge entwickelt und die Pflanzen herauszufinden versucht, die zum Anbau geeignet waren und sie selbst, ihre Kinder, ihre alten Eltern und das ganze Dorf satt machen konnten. Denn die Nahrung war immer von allen begehrt, weil jedes Lebewesen essen muss, um zu leben.

Um sich zu ernähren, haben Männer und Frauen die Tiere domestiziert, die ihnen Milch und Fleisch liefern konnten, und sind, wie manche Völker noch heute, mit ihren Herden umhergezogen. Als Nomaden führten sie ihre Herden im Rhythmus der Jahreszeiten auf die besten Weiden, flohen vor der Dürre und suchten nach Futter für ihre Tiere, die die Grundlage ihrer eigenen Ernährung bildeten.

Um sich zu ernähren, hat der Mensch, der sich im Laufe eines sehr langen historischen Prozesses herausgebildet hat, ein territoriales Revierdenken entwickelt wie das Tier. Das Tier markiert sein Revier, indem es uriniert, und verteidigt die Grenzen, mit denen es seinen Lebensraum gekennzeichnet hat, mit Zähnen und Klauen. Der so eingegrenzte Raum ist sein Sammel- und Jagdrevier und der Ort, an dem es sich vermehrt. Auch die Gruppen von Männern und Frauen, die zu einer Zeit, da die Erde noch kaum bevölkert war, nach ihrem Platz gesucht haben, haben wohl ihr Territorium markiert und Grenzen abgesteckt, innerhalb derer sie sich »zu Hause« fühlten, und diesen Raum dann auch gegen andere Gruppen, Nachbarn oder Neuankömmlinge, die ihn begehrten, verteidigt. Die Begehrlichkeit der Letzteren war umso größer, je mehr das Territorium mit natürlichen Reichtümern, einem günstigen Klima, Anbauflächen, Herden oder auch anderen Vorzügen – Wasser, einem See, einem Fluss, der fruchtbaren Schlamm führte, Wäldern, Weiden, aber auch Küsten und Hügeln – gesegnet war. Ein Blick auf die Weltkarte genügt, um das nachzuvollziehen. Das bunte Ländermosaik zeigt den aktuellen Stand der territorialen Aufteilung der Erde.

Nachdem das erste Stadium des Ackerbaus durchlaufen war, in dessen Verlauf die Menschheit weitere Werkzeuge, aber auch Behältnisse, Kleidung und andere Textilien sowie Schmuck hergestellt und ihre Behausungen verbessert hatte, entwickelte sich die handwerkliche Produktion. Lebensmittel und Handwerkserzeugnisse mussten getauscht werden, Reisen zu Wasser und zu Land wurden erforderlich. Zu Beginn führten sie nicht in weite Ferne. Heute aber, im industriellen Zeitalter, werden Waren in den hintersten Winkeln der Welt produziert, überallhin transportiert und abgesetzt. Letztlich jedoch ist die Ökonomie mit ihrer grenzenlosen Entwicklung aus dem Bedürfnis der Menschen entstanden, ihre eigene Ernährung und die ihrer Familie sicherzustellen.

Ein Säugling, der gewohnt ist, zu bestimmten Zeiten zu trinken, schreit vor Hunger, wenn man ihn vernachlässigt. Er schreit sich die Seele aus dem Leib, stundenlang, denn andere Ausdrucksformen stehen ihm nicht zur Verfügung. Ein Säugling aber, der einer Hungersnot ausgesetzt ist und die Gewohnheit zu essen verliert, verliert auch seine Ausdrucksfähigkeiten, er hört auf, seinen Appetit durch Schreie zu äußern, und stirbt.

Die Qualität der Ernährung steht in engem Zusammenhang mit dem allgemeinen Wohlbefinden und insbesondere mit dem Gesundheitszustand der Menschen. Auf der einen Seite, wenn die Ernährung ungenügend ist, stehen Armut, Elend, Mangel, Krankheit, vorzeitiger Tod. Auf der anderen, entgegengesetzten Seite stehen ein gesicherter Lebensunterhalt, ein hoffnungsvolles Leben, Gesundheit, Alter.

Schon im Bauch der Mutter leidet der Säugling an den Folgen dieser Ungleichheit, die auch die Entwicklung seines Intellekts beeinflussen. Durch die Mangelernährung der Mutter während der Schwangerschaft – während der Embryo die Gesamtheit aller Zellen entwickeln muss, die ihn zu einem mit all seinen Fähigkeiten ausgestatteten Wesen machen werden – verringern sich seine Chancen, gesund geboren zu werden. Denn die Plazenta, die das im Uterus geborgene Baby mit Nahrung, Sauerstoff und Antikörpern versorgt, bleibt von den durch Mangelernährung verursachten Schäden ebenso wenig verschont wie das nährende Blut der Mutter. Die lebende Materie braucht von der Entstehung des Embryos an Nährstoffe.

Die physische und intellektuelle Konstitution des Kindes, seine Entwicklungsfähigkeit und seine Lebenskraft hängen somit vom ersten Tag seiner Ankunft auf der Welt von der Ernährung ab, die es erhält. Das Kind aber wird in eine Umgebung hineingeboren, in der von vorneherein bestimmte Bedingungen herrschen: Auf der einen Seite eine Welt voller Privilegien, auf der anderen eine Welt voller Entbehrungen. Zu Beginn der Menschheitsgeschichte war es die Stärke des Mannes, die über die Verteilung der Nahrung bestimmte, während die schwangere Frau und das Kind absolut von ihm abhängig waren. Im Laufe der Geschichte aber wurde die Aneignung der Nahrung immer mehr eine Frage der sozialen, politischen und finanziellen Macht.

In der Nacht vor seiner Hinrichtung in Paris, am 9. Thermidor 1794, trat der französische Revolutionär Louis-Antoine de Saint-Just ein letztes Mal vor seine Richter. Er rief: »Entre le peuple et ses ennemis il n'y a rien de commun, rien que le glaive« (Zwischen dem Volk und seinen Feinden gibt es nichts Gemeinsames, nichts als das Schwert).

Wir sind heute in dieser Situation. Während des letzten Jahrzehnts ist eine Weltordnung entstanden, die den Kollektivinteressen der großen Mehrheit der Menschen auf diesem Planeten diametral entgegensteht.

Im Januar jeden Jahres versammeln sich in Davos, Kanton Graubünden, die Herren der Welt. Ihnen zu Füßen sitzen die Staatschefs, Premierminister und Minister der reichsten Nationen der Erde. Im Januar 1996 erklärte der damalige Präsident der Deutschen Bundesbank, Hans Tietmeyer, den versammelten Würdenträgern mit vorwurfsvoller Stimme: »Die meisten Politiker sind sich immer noch nicht bewusst, wie sehr sie unter der Kontrolle der Finanzmärkte stehen und von diesen beherrscht werden.«

Keiner der gescholtenen Staatschefs oder Ministerpräsidenten tat auch nur einen Mucks.

Die Europäische Union ist mit ihren fast 400 Millionen Produzenten und Konsumenten die größte Wirtschaftsmacht, welche die Menschheit je gekannt hat. Von den 15 EU-Staaten werden heute 12 von Sozialdemokraten – sei es in Koalition mit andern Parteien, sei es allein – regiert. Aber alle diese Regierungschefs scheinen, trotz der ideellen Tradition, aus der sie kommen, die Überdetermination des wirtschaftlichen Geschehens durch die Logik des Finanzkapitals als unabänderliche Evidenz hinzunehmen.

Seit rund zehn Jahren erlebt der kapitalistische Produktionsprozess eine Reihe von Paradigmenwechseln. Bis zum endgültigen Zusammenbruch der Sowjetunion im August 1991 lebten fast ein Drittel der Menschheit unter dem korrupten System des Staatskapitalismus, das sich fälschlicherweise kommunistisch nannte. Kurz: die Bipolarität prägte die Staatengesellschaft. Der unbändige Drang zur Multinationalität und zur Monopolbildung war im kapitalistischen Produktionsprozess seit Anbeginn präsent. Er konnte sich jedoch erst nach dem Wegfall der Bipolarität voll entfalten. Seiner immanenten Logik gehorchend, eroberte das Kapital in kürzester Zeit den Planeten.

Ein anderer Paradigmenwechsel: Innerhalb des globalisierten Kapitalismus hat sich eine Kapitalart, nämlich das Finanzkapital, gegen sämtliche andere Kapitalarten

(Industrie-, Handels-, Dienstleistungskapital) durchgesetzt. Die Profitmaximierungs-Gesetze des Finanzkapitals determinieren heute das ganze System. Die Eigenkapitalrendite eines Unternehmens bestimmt praktisch alle strategischen Entscheidungen.

Warum dieses Primat des Finanzkapitals? Eine Reihe technologischer und wissenschaftlicher Revolutionen erklären teilweise das Phänomen. Technologische Durchbrüche haben die Informationsgesellschaft geschaffen. Die Erfindung riesiger, hoch effizienter Computersysteme machen die synchrone Verwaltung komplexester, weltweiter Wirtschaftsimperien möglich. Ein einheitlicher Cyberspace ist entstanden, in dem Billionen von Informationen mit Lichtgeschwindigkeit (300000 km pro Sekunde) ohne Unterbrechung zirkulieren.

Das Zusammentreffen der Paradigmenwechsel im kapitalistischen Produktionsprozess – das Wegfallen der gesellschaftlichen Bipolarität, die atemberaubenden technologischen Revolutionen – haben zu einer fast vollständigen Globalisierung des Finanzkapitals geführt. Gemäß Weltbankstatistik war das im Jahre 1999 zirkulierende Finanzkapital 63 mal größer als der Wert aller in diesem Jahr auf der Welt produzierten Güter und Dienstleistungen.

Das globalisierte Finanzkapital zeugt von einer fast unglaublichen Vitalität, nicht nur in der steten Steigerung der Kapitalmobilität und Verkürzung der Entscheidungsprozesse, sondern auch im Erfinden immer neuer profitmaximierender Finanzinstrumente. Aber es schafft überhaupt keinen Wert. Die Börse funktioniert zwar 24 Stunden auf 24 Stunden: Wenn Tokio schließt, eröffnet New York, wenn in New York die Trader ins Bett fallen, stürzen sich die Spekulanten in Frankfurt, London und Zürich an ihre Bildschirme. Aber trotz all den von hochkompetenten Physikern im Backoffice zusammengebastelten Computermodellen – sie dienen der Risikominimierung – funktioniert die Börse in totaler Irrationalität. Ihr Motor sind antizipierte Gewinnoptimierungen, panische Angst vor Verlusten, Verzweiflung (bei Zusammenbrüchen), Delirium, Euphorie und grenzenlose, seelenquälende Profitgier.

Ich erinnere an einen Satz von Max Weber aus dem Jahr 1919: »Der Reichtum ist eine Kette wertschöpfender Menschen.« Das gilt heute überhaupt nicht mehr. Heute ist der Reichtum, das heißt die wirtschaftliche Macht, das Produkt der Casinospiele einer Horde wild wütender Spekulanten.

Was hat diese Horde, beziehungsweise ihre Auftraggeber, die Oligarchen des weltweiten Apartheidssystems, aus unserer Welt gemacht?

Eine Welt der fortschreitenden Verelendung sowohl im Süden wie im Norden. Eine Welt abgrundtiefer Ungleichheit. Nicht mehr der Konflikt zwischen Entwicklungs- und Industrieländern ist heute der Primärkonflikt. Permanente Arbeitslosigkeit (12,5 % der Arbeitskraft in den 15 EU-Staaten), schleichende Armut, soziale Ächtung und wohl bald auch Unterernährung bedrohen heute die nördliche Hemisphäre. Die Menschen des Nordens und des Südens stehen demselben Feind gegenüber: dem Verbund der national noch erkennbaren, jedoch transnational agierenden Oligarchien des globalisierten Finanzkapitals.

Hier einige Zahlen:

Die 225 größten Vermögen der Welt belaufen sich auf eine Gesamtsumme von mehr als 1000 Milliarden Dollar, das entspricht dem Gegenwert des Jahreseinkommens von 47 Prozent der Ärmsten auf der Welt (2,5 Milliarden Menschen[1]). Das Vermögen von Bill Gates ist so hoch wie der Gesamtnettowert des Vermögens der 106 Millionen ärmsten Amerikaner.[2]

Individuen sind heute reicher als Staaten. Der Besitz der 15 reichsten Menschen der Welt übersteigt das Bruttoinlandsprodukt (BIP) aller afrikanischen Länder südlich der Sahara außer Südafrika.

Der Umsatz von General Motors ist höher als das BIP von Dänemark, der von Exxon-Mobil übertrifft das BIP von Österreich. Jedes der 100 bedeutendsten globalen Unternehmen verkauft mehr, als jedes der 120 ärmsten Länder der Welt exportiert. 200 Firmen kontrollieren 23 Prozent des Welthandels.[3]

Hinter den oben zitierten Zahlen verbirgt sich eine Welt voller Leid und Verzweiflung. Die negative Dynamik der Ungleichheit bestimmt die derzeitige Ordnung der Welt: Auf der einen Seite steht eine politische, ökonomische, ideologische, wissenschaftliche und militärische Machtkonzentration, beherrscht von einer schmalen,

---

[1] Susan George, in *Le Monde diplomatique,* Dezember 1998.

[2] Saddrudin Aga Khan, in *Le Nouvel Afrique-Asie,* Januar 1999.

[3] Ignacio Ramonet, in *Le Monde diplomatique*, Januar 1999.

transnationalen Oligarchie. Auf der anderen Seite ein Leben ohne Zukunft, Verzweiflung und Hunger für Hunderte von Millionen anonymer Menschen. Die Oligarchie herrscht über das Schicksal der Mehrheit. Die anonyme Masse der Opfer erlebt ohnmächtig ihr eigenes Dahinsiechen. Nichts rechtfertigt diese bestehende Ungleichheit. Sie basiert ausschließlich auf der vorgegebenen sozialen Klassengesellschaft, auf diskriminierenden Ideologien und Privilegien, die mit Gewalt verteidigt werden.

»Böse sein ist schwer«, sagt Brecht. Auch Genfer Bankiers wollen ein gutes Gewissen haben, und deshalb brauchen sie eine Ideologie, um ihre Praxis zu legitimieren. Und diese Ideologie ist die neoliberale. Sie ist außerordentlich gefährlich, denn im Zentrum steht der Begriff Freiheit. Weg mit den Normen, weg mit den Grenzen, weg mit diesem Nationalstaat – der stört ja nur –, weg mit diesen ewigen Wahlen, Abstimmungen, Regierungswechseln usw., mit dieser Volkssouveränität, wo man nie weiß, was herauskommt bei einer Abstimmung. Also: Freiheit, Freiheit für das Kapital, Freiheit für die Dienstleistungen, Freiheit für die Patente. Es geht gegen Bürokratie, gegen Beschränkung jeglicher Art. Im Neoliberalismus liegt eine große Verführung.

Wer antwortet heute auf die Frage nach der Gerechtigkeit? Das sind jetzt keine Menschen mehr. Das ist die unsichtbare Hand, der Weltmarkt. Das Postulat heißt: Wenn der Kapitalfluss total frei und die Mobilität komplett uneingeschränkt sind, geht das Kapital dorthin, wo es am meisten Profit bringt. Dann profitiert einmal jederman davon. Die unsichtbare Hand wird den Menschheitstraum von der gerechten Verteilung der Güter auf dieser Welt schon richten.

Schlimmer noch als diese total irrationale Aussage ist die Naturalisierung der neoliberalen Ideologie: Die wirtschaftliche Rationalität wird losgelöst aus der kollektiven, sozialen Motivationsstruktur. Sie verselbständigt sich. Sie wird naturalisiert.

Der Finanzstratege steht vor den wirtschaftlichen Abläufen wie der Astronom vor dem Himmel. Der Astronom vermisst magnetische Felder und berechnet die Bahnen der Gestirne. Er objektiviert seine wissenschaftliche Praxis. Der Finanzstratege handelt heute haargenau gleich. Er gibt vor, Naturgesetze zu zelebrieren. Den Menschen als realitätsveränderndes, geschichtsschaffendes Subjekt gibt es in seinem Weltbild nicht mehr.

Mit seiner permanenten Diffamierung des Staates, der Volkssouveränität, der gewählten Institutionen und der sozialen Bewegungen, des territorialen Kompetenzbereichs und der von Menschen gemachten demokratischen Norm zerstört der Neoliberalismus das Erbe der Aufklärung.

Was können wir in dieser Lage gegen die Zerstörung der Menschen durch den Hunger tun?

I. Die erste Aufgabe besteht darin, die humanitäre Notstandshilfe effizienter zu machen.

Die FAO hat eine ständige Nahrungsmittelnotreserve für dringende Soforthilfemaßnahmen geschaffen. Diese wird vom WFP verwaltet, das den Transport und die Verteilung an die Opfer organisiert und koordiniert. Die Geber hinterfragen nur selten die Qualität der sozialen Strukturen des Landes, dem die Hilfe zugute kommt. Anders gesagt, diese Hilfe fließt oft in Länder, deren soziale, politische und wirtschaftliche Strukturen brüchig, ungerecht oder von Korruption zerfressen sind. Auf diese Weise verstärken die Geber die Macht der Reichen, zementieren die ungerechten gesellschaftlichen Strukturen und überlassen die Armen ihrem Elend und einer jahrhundertealten Ausbeutung. Dieser Vorwurf gilt übrigens nicht nur für die Nahrungsmittelhilfe, sondern für die meisten Entwicklungshilfegelder, die die internationale Gemeinschaft den armen Ländern zukommen lässt.

Das UNDP (Entwicklungshilfe-Programm der Vereinten Nationen) unterhält in Genf eine Sonderabteilung mit dem Namen *Round Table Conferences European Office*, deren Aufgabe es ist, die verschiedenen internationalen Zahlungen an Entwicklungshilfe zu koordinieren. Dieses Büro prüft jedoch nie den sozialen Nutzen der Hilfe. Ein Beispiel: Nach einem ausführlichen Round-Table-Gespräch in Genf im November 1998 kam die Regierung des Tschad unter Idris Déby, eines der gewalttätigsten und korruptesten Regime der Dritten Welt, erneut in den Genuss von Hilfszahlungen in Höhe von über 120 Millionen Dollar, ohne dass daran auch nur die geringste Bedingung hinsichtlich der sozialen Zweckbestimmung der ausgezahlten

Summe geknüpft worden wäre. Anders gesagt: Mit den Hungerhilfegeldern kaufte die Déby-Clique vor allem Waffen für die Unterdrückung ihrer eigenen rebellischen Bevölkerung im Süden und eröffnete Privatkonten bei Geschäftsbanken in Zürich.

II. Über die humanitäre Hilfe hinaus geht die revolutionäre Aktion. Ziel jeder revolutionären Aktion ist es, die Opfer in handelnde Akteure zu verwandeln, in Subjekte, die ein Bewusstsein ihrer eigenen Geschichte entwickeln. Der Weg führt von der Armensuppe zur Revolte. Die Beispiele hierfür gehören allerdings leider fast alle der Vergangenheit an. Anfang der sechziger Jahre besetzten die von Miguel Arraes und Francisco Julião gegründeten »Ligas campesinas« (die Bauernsyndikate) aus dem Nordosten Brasiliens die *Latifundia*, teilten das Land unter die landlosen Familien der *Caboclos*[4] auf und schafften es, Tausende von Hektar mit Zuckerrohrkulturen in Anbauflächen für Gemüse, Mais und Früchte umzuwandeln. Durch den Staatsstreich von 1964 wurde die Bewegung gebrochen, zahlreiche ihrer Vorkämpfer wurden ermordet und Millionen von Brasilianer wieder in die Unterernährung zurückgeworfen.

In Nicaragua erobert der siegreiche Aufstand im Juli 1979 Managua. Die jungen Männer und Frauen der Sandinistischen Befreiungsfront ziehen in die Hauptstadt ein. Der Befreiungskrieg hat 18 Jahre gedauert. Anastasio So-

---

[4] Caboclos: Mischlinge aus Indianern und Weißen.

moza Debayle, der gestürzte Diktator, der »Herrscher der Friedhöfe« genannt, ist auf der Flucht. 1980 wird er von einem Kommando von Internationalisten in Asunción in Paraguay exekutiert. Um der jahrhundertealten Unterernährung des überwiegenden Teils der Bevölkerung ein Ende zu machen, führen die Sandinisten eine der radikalsten Agrarreformen durch, die Lateinamerika seit der mexikanischen Revolution von 1917 erlebt hat.

Niemals werde ich die Feierlichkeiten anlässlich der Verteilung des Landes an die Bauern vergessen, denen ich in Esteli, Granada, Léon und Jinotega beigewohnt habe. Der ausgehungerte, zerschlissen gekleidete Campesino tritt in Begleitung seiner Frau und der zahlreichen Kinder zögernden Schrittes an den Holztisch, den die Flagge Nicaraguas bedeckt. Berge von Papierrollen – Besitztitel allesamt – liegen darauf. Neben dem Tisch, auf einem Holzrost aufgereiht, die Kalaschnikows, die Somozas Garde abgenommen worden sind. Dann ergreift der junge sandinistische Offizier in seiner olivgrünen Uniform eine Rolle und ein Gewehr und reicht sie dem Campesino. Die Sonne sticht vom Himmel, ein beeindruckendes Schweigen liegt über der Szene. Der Guerillero spricht ein paar Worte. Der Bauer kann nicht lesen. Aber er wird sein Land, das das Überleben seiner Familie gewährleistet, mit der Waffe in der Hand verteidigen.

Tausende von Bauern mit eigenem Land oder Bauern aus Kooperativen werden dem Aggressionskrieg zum Opfer fallen, den Präsident Reagan ab 1982 gegen das freie Nicaragua vom Zaun bricht.

Die revolutionäre Aktion – der radikale Umsturz der bestehenden Gewaltverhältnisse – wäre in zahlreichen Ländern der Dritten Welt dringend notwendig. Indien beispielsweise ist heute auf gesamtnationaler Ebene im Stande, ausreichend Nahrung für die Selbstversorgung zu produzieren. Dennoch gibt es in Indien zweieinhalb mal so viele schwer unterernährte Kinder wie in ganz Afrika südlich der Sahara, das heißt 70 Millionen Menschen. Brasilien gehört zu den bedeutendsten Exporteuren von Getreide in der Welt. Dabei verhungern dort in den Megalopolen und auf dem Land täglich Kinder. Ein Prozent der Besitzer kontrollieren 43 Prozent des kultivierbaren Landes.[5] Im Jahr 2000 liegen 153 Millionen Hektar Land brach, 5 Millionen Bauern sind ohne Land, und ihre Familien müssen auf den Straßen dieses riesigen Landes umherirren.

III. Die Länder der Dritten Welt brauchen dringend Unterstützung beim Aufbau ihrer Infrastruktur. Es fehlt ihnen an Kapital, Straßen, geeignetem Saatgut, Lebensmittelreserven, landwirtschaftlichem Fachwissen – an allem. Der Getreideertrag übersteigt in den reichen Ländern 80 Zentner pro Hektar. In den meisten Ländern der Dritten Welt erreicht dieser Wert nicht einmal ein Drittel davon. Neue Samensorten, Bewässerungsstaudämme, Baumreihenpflanzungen und Brunnen gegen die fortschreitende Ausdehnung der Wüste stehen für zahlreiche Länder ins-

---

[5] Action contre la faim, Paris, Informationsdokument, 31. Oktober 1997.

besondere in Afrika an vorderster Stelle der Prioritätenliste. In den Ländern des Südens liegen ungeheure Landmassen brach, die mangels entsprechender Investitionen nicht bestellt werden können. Die FAO schätzt, dass in den Entwicklungsländern etwa 700 Millionen Hektar mehr oder minder ordentlich bewirtschaftet werden. Der gleichen Organisation zufolge könnte man diese Fläche – bei minimalen Investitionen – mehr als verdoppeln, und zwar ohne Abholzungen und ohne dass deshalb geschützte Zonen angetastet werden müssten. Auf dem Hintergrund der augenblicklich im Norden verfügbaren Agrartechniken könnte eine solche Vermehrung der kultivierbaren Flächen im Süden ohne gravierende Schädigung des Bodens (durch massiven Einsatz von Pestiziden, übermäßige Düngung etc.) erreicht werden, also indem man sensible Gebiete schützt und die Regenerationskraft der Ökosysteme berücksichtigt.

All diese Maßnahmen würden indes eine baldige Mobilisierung der Weltöffentlichkeit erfordern und voraussetzen, dass die derzeitigen Herrscher über unseren Planeten zu ökonomischer Hilfeleistung und Solidarität bereit wären.

Die *Action contre la faim*, Aktion gegen den Hunger, eine französische Nichtregierungsorganisation, stellt fest: »Eine große Anzahl von Armen auf der Welt kann sich deshalb nicht satt essen, weil der Zugang zur Nahrung von der Zahlungsfähigkeit abhängt.« Wer Geld hat, findet zu essen, wer keines hat, hungert.

Es ist der Dschungelkapitalismus, den es zu zivilisieren gilt. Die Weltwirtschaft ist aus der Produktion, dem Vertrieb, dem Handel und dem Konsum von Nahrungsmitteln hervorgegangen. Daher ist es absurd, schlimmer noch, ein Verbrechen, die Autonomie des Marktes zu beschwören, wenn es um den Hunger geht. Man kann den Kampf gegen diese Geißel und für eine gesättigte Menschheit nicht dem freien Spiel des Marktes überlassen.

Alle Mechanismen der Weltwirtschaft müssen diesem einen Imperativ untergeordnet werden: Der Hunger muss besiegt werden und alle Bewohner der Erde ausreichend Nahrung finden. Um dieses Ziel zu erreichen, muss eine internationale Struktur, müssen Normen und Verträge geschaffen werden.

Jean-Jacques Rousseau schrieb im »Contrat social«: »Zwischen dem Schwachen und dem Starken ist es die Freiheit, die unterdrückt und das Gesetz, das befreit.« Die totale Freiheit des Marktes ist gleich bedeutend mit Unterdrückung, Ausbeutung und Tod. Das Gesetz ist der Garant sozialer Gerechtigkeit. Der Weltmarkt braucht Normen. Diese müssen durch den kollektiven Willen der Völker geschaffen werden.

Es ist ein dringendes Gebot der Stunde, gegen die Profitmaximierung als einzige Triebfeder der gesellschaftlichen Akteure und gegen die Lüge von der Naturwüchsigkeit ökonomischer Abläufe zu kämpfen. Die Börse für landwirtschaftliche Produkte in Chicago muss geschlossen, die permanente Verschlechterung der Versorgung der Dritten Welt durch vertragliche Maßnahmen (*pufferstocks* etc.) korrigiert und die törichte neoliberale Ideologie, die die meisten westlichen Politiker blind macht, aus der Welt geschafft werden.

Der Mensch ist das einzige Lebewesen, das im Stande ist, in seinem Bewusstsein das Leid nachzuempfinden, das dem anderen angetan wird.

Ist die Hoffnung, dass sich ein Bewusstsein der Identität und der radikalen Solidarität mit dem leidenden Mitmenschen entwickeln möge, realistisch? Könnte sie in naher Zukunft wahr werden?

Die Geschichte kennt solche qualitativen Sprünge. Ein Beispiel dafür ist die Entstehung des Staates. In einer fernen Epoche trafen die Menschen eine weit reichende Entscheidung. Bis dahin beschränkte sich die Solidarität und die Identifikation mit dem anderen auf die Familie, auf den Clan, auf das Dorf, also auf vertraute Menschen, die physisch präsent waren. Mit der Entstehung des Staates solidarisierte sich der Mensch zum ersten Mal mit anderen Menschen, die er nicht kannte und wahrscheinlich nie kennen lernen würde. Und dennoch entstanden daraus ein Gefühl nationaler Identität, gemeinnützige Einrichtungen, ein über die Familie hinausgehendes Bewusstsein und ein für alle verbindliches Gesetz.

Es würde genügen, heute noch einen Schritt weiter zu gehen, damit ein Leben in Würde für alle erreichbar und die Erde menschlich wird. Zu diesem Zweck muss man die malthusianischen Vorurteile zerstören. Dieses Buch will seinen Beitrag dazu leisten.

Die einzige Identität, die Bestand hat, ist die, die aus

der realen oder imaginären Begegnung mit dem anderen, aus dem solidarischen Akt, kurz: aus dem geteilten Bewusstsein entsteht.

Es gibt »kein richtiges Leben im falschen«, wie Adorno sagte, keine Enklave des Glücks in einer Welt voller Schmerzen. Man kann sich nicht mit einer Weltwirtschaft abfinden, die ein Sechstel der Menschheit zum Untergang verdammt. Wenn der Hunger nicht schnell von diesem Planeten verschwindet, wird es keine Menschlichkeit geben. Folglich muss man diese »leidende Fraktion«, die heute aus der Menschheit ausgeschlossen ist und unbemerkt zu Grunde geht, wieder in die Menschheit integrieren.[6]

Eine Welt, die nach den Prinzipien des gesellschaftlichen, politischen und wirtschaftlichen Mangels organisiert ist, eine Welt der Gewalt, in der die Verzweiflung und der Hunger der Mehrzahl der Preis sind für die labile Freiheit und das Wohlbefinden einer Minderheit, ist eine absurde Welt ohne Sinn, ohne Hoffnung auf Bestand und Stabilität.

Es wird niemals Frieden und wahre Freiheit auf Erden geben, bevor nicht alle Männer und Frauen frei sind, in Gerechtigkeit leben und ihren Hunger stillen können. Solange die für die eigene Person beanspruchte Behandlung nicht auch wechselseitig dem Anderen zugestanden wird, wird es keine menschliche Zukunft geben.

Wo ist Hoffnung?

---

[6] Jean-Claude Guillebaud: La trahison des lumières. Paris 1995.

Im unerschöpflichen Willen der Menschen zur Gerechtigkeit.

Pablo Neruda gibt dieser Gewissheit Ausdruck:

»Podran cortar todas las flores,
Pero jamas detendran la primavera.«

»Sie [unsere Feinde] können alle Blumen
   abschneiden,
Aber nie werden sie den Frühling beherrschen.«[7]

---

[7] Pablo Neruda: Canto General. Ciudad (Mexiko) 1950.

NACHWORT:

Terrorismus und Hunger

Nichts und niemand vermag den fürchterlichen Massenmord an der New Yorker Zivilbevölkerung vom 11. September 2001 zu entschuldigen. Die Hintermänner des Verbrechens – wer immer sie sind – müssen gefasst, vor Gericht gestellt und bestraft werden.

Aber so schrecklich ein Verbrechen ist, man muss immer auch versuchen, seine Wurzeln, die Zustände, die es letztlich möglich machten und hervorbrachten, zu verstehen. Blindwütiger Hass, religiöser Fanatismus welcher Art auch immer – islamischer, christlicher, jüdischer –, rachedurstiger, mörderischer Extremismus gedeihen immer nur auf dem Hintergrund sozialer Ungerechtigkeit, ökonomischen und psychischen Elends, politischer Verzweiflung und Existenzangst.

Die erste Ausgabe meines Buches ist im Frühjahr 2000 erschienen.

Seither ist die herrschende Weltordnung noch absurder, noch perverser geworden. Im *Spiegel* vom 17.9.2001 steht der Satz: »Globalisierung ist täglicher Terror.« Gemäß FAO-Statistik litten im Jahre 2000 über 850 Millionen Menschen an schwerster, permanenter Unterernährung (es waren »bloß« 828 Millionen im Jahr zuvor). Alle sieben Sekunden stirbt ein Kind unter zehn Jahren am Hunger. Alle sechs Minuten verliert ein Mensch sein Augenlicht – meist wegen Mangel an Vitamin A oder Kontakt mit fauligem Wasser. Und all das auf einem Planeten, wo die Reichtümer der Reichen in den Himmel wachsen. Allein der Welthandel an Gütern, Kapitalien, Dienstleistungen und Patenten hat seit dem Erscheinen des Buches um 12,5 % zugenommen. Rasant angestiegen sind im vergangenen Jahr auch die Konzentration der wirtschaftlichen Macht in der Faust einiger ganz weniger und die Marginalisierung, die abgrundtiefe soziale Ungleichheit, welche die Mehrheit der Völker trifft. Der Monetar-Wert des Welthandels überstieg im letzten Jahr die 6000 Milliarden-Dollar-Grenze. Ein Drittel davon war Handel, der sich jeweils innerhalb der transkontinentalen Gesellschaften abspielte.

Ein anderes Drittel des Welthandels wurde von transkontinentalen Gesellschaften untereinander getätigt. Lediglich das letzte Drittel – rund 2000 Milliarden Dollar – entsprachen letztes Jahr dem herkömmlichen Handelsverkehr.

Die Herren der Welt sitzen auf immer höheren Bergen von Gold. Zu ihren Füßen liegen die Massengräber der Verhungerten und der von Epidemien, Krieg und wirtschaftlicher Not getöteten Kinder, Frauen und Männer. Gemäß dem Wirtschafts- und Sozialrat der Vereinten Nationen (Bericht 2001) sind im Jahr 2000 52 Millionen

Menschen an den unmittelbaren Folgen wirtschaftlicher und sozialer Unterentwicklung (fehlende Nahrung, Trinkwasser, medizinische Grundversorgung etc.) zu Tode gekommen.

Gruben für die Kinderleichen

Kurz nach dem Erscheinen des Buches ernannte mich die UNO-Menschenrechtskommission zum Sonderberichterstatter für das Recht auf Nahrung. Meine jüngste Mission im September 2001 galt der Republik Niger, am Südrand der Sahara in Westafrika gelegen. Niger ist nach Sierra Leone das zweitärmste Land der Welt. Uralte, wunderbare Kulturen von großem symbolischen Reichtum – jene der Haussa, Djerma, Songhai, Tuareg, Peul – entfalten hier ihre Pracht.

11,2 Millionen Menschen leben auf 1,2 Millionen km^2. Nur 3 % der Gesamtfläche sind bebaubar: Die Niger-Uferzonen und einige Oasen. Schwerste permanente Unterernährung, fehlendes Wasser, Epidemien sind die drei Reiter der Apokalypse, welche regelmäßig das Riesenland heimsuchen. Der vierte apokalyptische Reiter, der Krieg, wurde vor kurzem erst zu einer labilen Ruhe gebracht. Zwischen den aufständischen Tuaregnomaden im Norden und der Nationalregierung am Fluss herrscht vorläufig Waffenstillstand.

160 000 Tonnen Hirse, das Grundnahrungsmittel im Sahel, fehlten nach der herbstlichen Ernste im Jahr 2000.

Dem energischen Premierminister in der Hauptstadt Niamey, einem Peul namens Hama Amadou, gelang es, in Japan, den Vereinigten Staaten und in Europa große Teile der fehlenden Nahrung zusammenzubetteln. Über die 1200 km lange Straße voller Schlaglöcher, welche Niamey mit den nächstgelegenen Atlantikhäfen – Lomé, Abidjan, Cotonou – verbindet, kamen die rettenden Säcke ins Land. Aber im Februar, März mussten die Familienväter neue Gruben ausheben: Der Hunger tötete die Schwächsten, die Kinder.

Es gibt keine Fatalität

Die klimatischen Produktionsbedingungen sind schlimm für die Bauern im Niger. Alljährlich entscheidet sich ihr Schicksal während einer ganz kurzen Zeitspanne, die von Anfang Juni bis Ende September reicht. In den ersten Juniwochen muss der »kleine Regen« fallen. Auf dem steinharten, nun aufgeweichten Boden pflanzen die Bauern, ihre Frauen und Kinder die empfindlichen hellgrünen Hirsekeime. Mitte August muss es wieder regnen, damit das Getreide gedeiht und wächst. Ende September schauen die Bauern wie gebannt in den Himmel. Neuer Regen muss fallen, damit die Rispen ausreifen können.

Alternativ oder kumulativ kann in jeder der drei Produktionsperioden folgendes passieren: Entweder die drei Regengüsse bleiben allesamt oder teilweise aus; dann kann nicht gepflanzt werden, oder die bereits gepflanzte Hirse verdorrt. Oder aber es gießt wie aus Kübeln vom Himmel; dann werden – insbesondere im Juni und August – die Pflanzen weggespült, der Boden verwüstet. Sturzbäche wühlen die rote Erde auf und bedrohen häufig auch noch die Dörfer.

Selten gibt es ein Jahr, wo die drei Regenperioden in gewünschter Intensität und Regelmäßigkeit sich ereignen.

Was können die Bauern des Nigers, was kann die Weltgemeinschaft angesichts dieses Klimas tun? Mit herkömmlichen Mitteln praktisch nichts. Jedoch liegen unter der Wüste riesige Seen, Grundwassermeere von Süßwasser, aus der Zeit als die Sahara noch ein blühender Garten war. Dieses Grundwasser könnte mittels moderner Pumptechnik gehoben und als Irrigationswasser der Landwirtschaft zugeführt werden. Das nachbarliche Libyen beweist, wie relativ einfach ein solches Unterfangen ist: Dank seiner Erdölmilliarden ließ Muammar Ghadafi seinen »Great River« anlegen. Vier riesige Röhren bringen über mehr als tausend Kilometer das Wasser aus der libyschen Zentralwüste in die Landwirtschaftszonen rings um den Golf von Syrthe.

Es gibt keine Fatalität des Hungers. Selbst im zweitärmsten Land der Welt nicht. Was einzig fehlt, ist die Solidarität, der wirkliche Wille zur Hilfe von Seiten der internationalen Staatengemeinschaft.

Die Sharia jenseits des Flusses

Im Sumpf der ausweglosen Verzweiflung, des sozialen Elends gedeiht der islamische Fundamentalismus. 95 % der Völker des Niger sind Anhänger eines toleranten, mit Elementen der großen afrikanischen Traditionsreligionen gemischten Islam.

Aber jenseits des Flusses, in den Nordstaaten der Nigerianischen Föderation, wüten die islamischen Extremisten, Fanatiker übelster Sorte.* In den Sultanaten von Sokoto, Katsia und Kano ist die Sharia oberstes Gesetz. Hände werden abgehackt, Frauen gesteinigt, Mädchen von der Schule ausgeschlossen und der heilige Krieg gegen die Ungläubigen gepredigt. Tausende minoritärer Christen, seit Jahrhunderten in den Städten des Nordens lebend, wurden in den vergangenen zwei Jahren in ihren Häusern verbrannt, auf dem Markt niedergemetzelt oder im Fluss ertränkt.

Über Radiostationen am Südufer werden die Botschaften des Hasses verbreitet. Wahabitische Prediger mit schwarzen Bärten und Koffern voller Geldscheine steigen regelmäßig aus den saudi-arabischen Privatjets auf dem Flughafen von Niamey und Agadez oder fahren in glitzernden Toyota-Geländewagen von Kano herüber. Das extremistische Gift breitet sich in den uralten, toleranten, subtilen Traditionsgesellschaften der Haussa, Djerma und

---

* René Otayèk, Le radicalisme islamique du sud du Sahara, Paris 1993.

Songhai rasant aus. Im Spital von Niamey sind zwei Etagen mit 12-14-jährigen Mädchen belegt. Sie wurden gemäß der Sharia gleich nach der ersten Regel in frühester Pubertät einem Mann angetraut, gebaren ein Kind und liegen nun mit aufgerissenem Unterleib im Spital. In manche Hörsäle der Universität wagen sich die Studentinnen nicht mehr ohne Gesichtsschleier und Kopftuch. Die ersten Sharia-Verstümmelungen wurden im Süden des Landes praktiziert.

In Niamey war die neue laizistische Regierung im Januar 2001 mit dem Versprechen angetreten, einen »Code de la famille« (ein Familiengesetz, das die Rechte der Frauen fördert) auszuarbeiten. Im September wurde das Projekt begraben.

Eine milde goldene Abendsonne spielt mit den weißen Vorhängen im Regierungsgebäude, dem Sitz des ehemaligen französischen Kolonialgouverneurs. Ich frage den Ministerpräsidenten nach dem Grund seines Rückzugs. Er antwortet: »Die Scheiks, die wahabitischen Prediger ... Sie haben ihr Veto eingelegt ... Sie besitzen das Geld ... und die Menschen hier haben Hunger.«

Eine Bombe, ein Brot ...

Kampf gegen den Terrorismus ist Kampf gegen den Hunger. Das hat auch Präsident George W. Bush gemerkt. Am 7. Oktober begannen die amerikanischen Bombardements auf die Städte und Dörfer Afghanistans.

Die Bomberflugzeuge kommen Nacht für Nacht und (seit dem 18. Oktober) Tag für Tag von den Flugzeugträgern im persischen Golf und den amerikanischen Basen in der Türkei. Die C-17-Transporter, welche die Nahrung bringen, starten stündlich von Deutschland, von Ramstein aus.

Die Operation »Snow drop« ist ein kompliziertes Unternehmen. In den kurzen Phasen zwischen zwei Bombardements werfen die C-17 ihre Fracht aus 5000 Metern Höhe über den brennenden Städten und Dörfern ab. Es handelt sich um mittelgroße, gelb verpackte Nahrungsmittelpakete. Ihre Form ist so angelegt, dass sie wie Schneeflocken, sich langsam um sich drehend, zu Boden schweben. In jedem Paket sind zwei vegetarische Mahlzeiten, samt Bonbons und Erdnussbutter. Ein Merkblatt klebt am Paket. Dieses ist in spanischer, französischer und englischer Sprache abgefasst.

Internationale Hilfsorganisationen kritisieren aufs heftigste die Politik »Eine Bombe, ein Brot«. Ihre Argumente sind vielfältig. Der Abwurf von Nahrungsmitteln aus der Luft ist eine bekannte und auch effiziente Methode, die vom Internationalen Komitee des Roten Kreuzes und anderen Organisationen in Afrika, Asien und anderswo angewendet wird, um leidende Menschen an schwer zugänglichen Orten zu erreichen. Bedingung ist, dass am Boden eine minenfreie Zone abgesteckt und ein von der Hilfsorganisation legitimiertes Verteilungskomitee bereitgestellt wird.

Nichts von alledem geschieht in Afghanistan. Wer das Gewehr hat, nimmt auch die Nahrung. Präsident Bush ernährt also vor allem die Taliban. Zusammen mit Angola ist Afghanistan jenes Land, dessen Boden von den meisten Landminen verseucht ist. Die Pakete fallen weit gestreut auf die Felder. Halb verhungerte Frauen und Kinder laufen ihnen nach und werden durch Minen zerfetzt.

Wenn bombardierende Militärs gleichzeitig humanitäre Hilfe zu betreiben vorgeben, entsteht eine gefährliche Konfusion. Schon jetzt werden westliche Entwicklungshelfer und Delegierte humanitärer Organisationen in manchen Ländern der Dritten Welt als Spione ihrer Herkunftsstaaten verdächtigt. In 99% der Fälle völlig zu Unrecht. Aber was zählt, ist die Perzeption der lokalen Bevölkerung. Natürlich versteht jedermann die Logik, die hinter der amerikanischen Bomben- und Nahrungsmittelabwurf-Politik steht. Es gilt die Terroristen auszurotten und gleichzeitig die arabischen Verbündeten der Vereinigten Staaten – insbesondere Saudi-Arabien und Pakistan – bei der Stange zu halten.

Humanitäre Hilfe verlangt aber nach absoluter Neutralität, Universalität und Unabhängigkeit. Sie muss sich ausschließlich am Bedürfnis des leidenden Menschen – und niemals an den Erfordernissen der Staatsräson – orientieren.

Globalisierung ist täglicher Terror

Der weltweite Kampf gegen den stillen, täglichen Völkermord durch den Hunger wird zusätzlich erschwert durch die kopflose Neoliberalisierungspolitik der Weltbank, der Welthandelsorganisation und des Weltwährungsfonds.

Bleiben wir beim Beispiel Niger. Das praktisch einzige Exportgut des hoch verschuldeten Landes ist sein Vieh. 11 Millionen Kamele, Rinder, Schafe, Ziegen besitzen die Bauern- und Nomadenvölker von Niger. Wegen des mineralhaltigen Bodens sind diese Viehbestände in ganz Westafrika hoch geschätzt.

Dogmatisch treu der neoliberalen Doktrin verlangte der Weltwährungsfonds die Privatisierung des »Office nationale vétérinaire« (des staatlichen Veterinäramts). Das Resultat? Kaum jemand kann heute die horrenden Preise für Impfstoffe, Vitamine, Antiparasiten-Medikamente der libanesischen Händler oder der transkontinentalen Pharmakonzerne bezahlen. Hunderttausende von Viehzüchter-Familien erleben den Ruin.

Gegen den Willen der Regierung setzen die Kapitalfunktionäre aus Washington noch eine andere Privatisierung durch: jene des »Office National des Produits Vivriers du Niger« (ONPVN). Die Lastwagenflotte dieser Institution verteilte bis dahin in den 11 000 Dörfern und Nomadencamps des Landes die Saatgüter. In Zeiten der Hungersnot brachte sie Hilfsvorräte. Jetzt gehören die Lastwagen privaten Händlern. Ihre Chauffeure meiden löchrige Pisten, unsichere Wege. Fazit: Viele Dörfer bleiben von jeder Hilfe ausgeschlossen.

Die Widerstandsfront

Zwei Entwicklungsmodelle stehen sich heute diametral gegenüber: jenes des »Consensus von Washington« und jenes der ökonomischen, sozialen und kulturellen Menschenrechte.

Der »Consensus von Washington« besteht aus einer Reihe von informellen Gentlemen's Agreements, die während der Jahre 1970–1990 zwischen den Bankiers der Wallstreet, dem amerikanischen Treasury Department und den internationalen Finanzorganisationen geschlossen wurden. Er beinhaltet vier Rezepte, die überall auf der Welt, für jedes Land, zu jeder Zeit anzuwenden sind: Privatisierung und Deregulation, makro-ökonomische Stabilität und Budgetkürzung. Der »Consensus« will möglichst rasch alle normativen, staatlichen oder nicht staatlichen Schranken, die die totale Liberalisierung der Kapitalmärkte behindern, zum Verschwinden bringen. Für die Weltbank, den Weltwährungsfonds und die Welthandelsorganisation bedeuten die vier Rezepte das Alpha und Omega, das Gesetz und die Propheten für jedes wirtschaftliche Tun. Die vier Rezepte sind Ausdruck der monetaristischen Doktrin.

Der Lehre vom selbstregulierten, allmächtigen, allein selig machenden Markt, der Theorie der »Stateless Global Governance« des James Wolfensohn*, widersprechen die

---

* James Wolfensohn ist amtierender Präsident der Weltbank-Gruppe.

Verteidiger der ökonomischen, sozialen und kulturellen Menschenrechte, die Herolde der normativen Ökonomie. Die Menschenrechtsdeklaration vom 10. Dezember 1948 als Grundlage allen zivilisierten Lebens auf diesem Planeten muss schleunigst ergänzt werden. Für einen Analphabeten ist die Pressefreiheit sinnlos. »Ein Wahlzettel macht den Hungrigen nicht satt«, meinte zu Recht Bertolt Brecht. Das Recht auf Nahrung muss als einklagbares Menschenrecht, als neue Völkerrechtsnorm (wie das Asylrecht zum Beispiel) zum Leben erweckt werden.

Die vielen Dutzend Spezialorganisationen, Entwicklungsprogramme, Fonds, Kommissionen, Finanzinstitutionen der Vereinigten Nationen agieren tagtäglich auf den fünf Kontinenten, insbesondere in Afrika, Asien und Lateinamerika, in latenter Schizophrenie. Die Weltgesundheitsorganisation bekämpft Epidemien, die FAO, das Welthungerprogramm und die UNICEF versuchen halb verhungerte Menschen zum Leben zurückzubringen. Das UNDP (United Nations Development Programme) will weltweit resistente, entwicklungsfähige Nationalstaaten aufbauen. Aber gleichzeitig verwüsten Weltbank, Weltwährungsfonds und Welthandelsorganisation mit ihrer ultraliberalen, staats- und gemeinschaftsfeindlichen Privatisierungs- und Deregulierungspolitik die schwachen Strukturen derselben Länder der Dritten Welt. Die gegenwärtige politische Führung der Vereinten Nationen in New York ist zu zauderlich und zu schwach, um diese Schizophrenie zu beheben.

Nur die neue, im Entstehen begriffene planetare Zivilgesellschaft, diese »Bruderschaft der Nacht«, die noch kaum strukturierte, weltumspannende Allianz der Sozialbewegungen, Nicht-Regierungsorganisationen, Gewerkschaften, die dem wild wütenden transkontinentalen Kapital und seinen Oligarchien vielfachen verzettelten Widerstand leisten (der zum vorläufig letzten Mal im vergangenen Juli in den Straßen Genuas sichtbar geworden ist), können am Ende den Kampf zwischen dem »Consensus von Washington« und der Durchsetzung der Wirtschafts- und Sozialrechte entscheiden. Vom Ausgang dieser Auseinandersetzung hängen auch Sieg und Niederlage im Kampf gegen den Hunger auf der Welt ab.

Jean Ziegler
Genf, im November 2001

Markus Zusak
Die Bücherdiebin

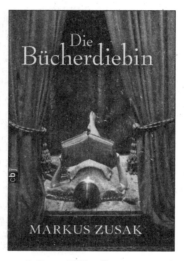

592 Seiten   ISBN 978-3-570-13274-6

Am Grab ihres kleinen Bruders stiehlt Liesel ihr erstes Buch.
Mit dem »Handbuch für Totengräber« lernt sie lesen und stiehlt
fortan Bücher, überall, wo sie zu finden sind: aus dem Schnee,
den Flammen der Nazis und der Bibliothek des Bürgermeisters.
Liesel sieht die Juden nach Dachau ziehen, sie erlebt die
Bombennächte über München – und sie überlebt, weil der Tod
sie in sein Herz geschlossen hat.
Tragisch und witzig, wütend und zutiefst lebensbejahend erzählt
vom dunkelsten und doch brillantesten aller Erzähler: dem Tod.

www.cbj-verlag.de